Modelos de dinheiro de US$ 100 milhões

Como ganhar dinheiro

ALEX HORMOZI

O que as pessoas dizem sobre Alex Hormozi

"Alex é meu marido." - Leila Hormozi

"Conheço muitas pessoas, e Alex é uma delas." - Amigos de Alex

"Alex faz coisas que eu já vi." - Pai de Alex

"Alex é melhor em algumas coisas do que em outras." - Mãe de Alex

"Alex escreveu um livro. Eu já li muitos livros." - Crítico de revista

Modelos de dinheiro de US$ 100 milhões

Como ganhar dinheiro

ALEX HORMOZI

Isenção de responsabilidade

As informações fornecidas neste livro têm fins exclusivamente educacionais e informativos. O autor, o editor e o distribuidor licenciado fizeram esforços razoáveis para garantir que as informações contidas neste livro fossem precisas no momento da publicação. O autor, o editor e o distribuidor licenciado não fazem nenhuma declaração nem oferecem nenhuma garantia com relação à comercialização, adequação a uma finalidade específica, precisão ou integridade atual ou contínua e confiabilidade do conteúdo deste livro.

As estratégias, dicas e ferramentas discutidas neste livro são opiniões pessoais do autor e são fornecidas de tal forma. Elas têm como objetivo fornecer material útil e informativo sobre os assuntos abordados neste livro. O sucesso em qualquer iniciativa de marketing e negócios baseia-se em uma ampla gama de fatores exclusivos de cada indivíduo ou empresa.

As leis estão sujeitas a alterações e podem variar de acordo com a localização e jurisdição. Você, como leitor, é incentivado a consultar um profissional quando apropriado e revisar as leis locais vigentes antes de implementar quaisquer estratégias ou campanhas de marketing.

As declarações sobre ganhos e rendimentos feitas pelo autor são apenas declarações aspiracionais sobre seus ganhos potenciais. O sucesso do autor e de outras pessoas aqui mencionadas, depoimentos e outros exemplos usados são resultados excepcionais e atípicos, não são e não pretendem ser uma garantia de que você ou outras pessoas alcançarão os mesmos resultados. Os resultados individuais sempre variam e seus resultados dependerão inteiramente de sua capacidade individual, ética de trabalho, negócios, habilidades e experiência, nível de motivação, diligência na aplicação das estratégias discutidas, economia, riscos normais e imprevistos de se fazer negócios e outros fatores dentro ou fora do seu controle.

Não há garantia de que você alcançará qualquer resultado com as ideias apresentadas neste livro. O autor, o editor e o distribuidor licenciado se isentam de quaisquer representações ou garantias (expressas ou implícitas), incluindo, sem limitação, aquelas de comercialização, adequação a qualquer finalidade específica, precisão ou integridade atual ou contínua e confiabilidade. A confiança nas informações fornecidas é de sua exclusiva responsabilidade. Conforme descrito mais detalhadamente neste documento, o autor, o editor e o distribuidor licenciado não serão, em hipótese alguma, responsabilizados por você ou qualquer outra parte por quaisquer danos diretos, indiretos, punitivos, especiais, incidentais, especulativos ou outros danos consequentes decorrentes direta ou indiretamente do uso e/ou uso indevido deste livro, que é fornecido "como está", sem garantias.

Como sempre, deve-se procurar e obter aconselhamento de um profissional competente nas áreas jurídica, tributária, contábil, financeira ou outras.

Quaisquer declarações que expressem ou envolvam discussões com respeito a previsões, metas, expectativas, crenças, planos, projeções, objetivos, suposições, eventos ou desempenho futuros não são declarações de fatos históricos e podem ser "declarações prospectivas". As declarações prospectivas são baseadas em expectativas, estimativas e projeções no momento em que as declarações são feitas, envolvendo uma série de riscos e incertezas que podem fazer com que os resultados ou eventos reais difiram materialmente daqueles atualmente previstos.

Administrar um negócio envolve o risco de perda, bem como a possibilidade de lucro. Todos os negócios envolvem riscos, e todas as decisões comerciais permanecem sob a responsabilidade do indivíduo. O autor, a Bumble IP, LLC, a Acquisition.com, LLC e suas afiliadas (coletivamente referidas neste documento como a "Empresa") não oferecem nenhuma garantia de que as estratégias descritas neste livro serão lucrativas ou benéficas para você ou sua empresa, e a Empresa não se responsabiliza por quaisquer perdas comerciais potenciais relacionadas a essas estratégias.

Os representantes da Empresa são profissionais, e seus resultados não são típicos do indivíduo médio. A formação, a educação, o esforço e a dedicação dos indivíduos e dos proprietários de negócios afetarão sua experiência geral. Quaisquer exemplos compartilhados neste livro são meramente ilustrativos e não garantem retorno sobre os negócios ou outros resultados. Os resultados de cada leitor podem variar. A Empresa não garante o desempenho, a eficácia ou a aplicabilidade de quaisquer sites listados ou vinculados neste livro. Todos os links são apenas para fins informativos e não são garantidos quanto ao conteúdo, precisão ou qualquer outro propósito implícito ou explícito. Todas as informações fornecidas neste livro relativas à gestão de um negócio e estratégias de negócios são apenas educacionais e não são garantias específicas de sucesso. Embora tenham sido tomadas precauções razoáveis na preparação deste livro, a Empresa não assume qualquer responsabilidade por erros e/ou omissões. Este livro é publicado sem qualquer tipo de garantia, expressa ou implícita. A Empresa não se responsabiliza por quaisquer danos, independentemente de serem decorrentes, direta ou indiretamente, do uso e/ou uso indevido deste livro. Os leitores concordam em isentar de responsabilidade a Empresa e seus membros, funcionários, agentes, representantes, afiliados, subsidiárias, sucessores e cessionários (coletivamente "Agentes") de quaisquer reclamações, responsabilidades, perdas, causas de ações, custos, lucros cessantes, oportunidades perdidas, danos indiretos, especiais, incidentais, consequenciais, punitivos ou quaisquer outros danos e despesas (incluindo, sem limitação, custas judiciais e honorários advocatícios) ("Perdas") reivindicadas contra, resultantes de, impostas a ou incorridas por qualquer um dos Agentes como resultado de, ou decorrentes do uso e/ou uso indevido deste livro pelo leitor. Este livro destina-se apenas a fins informativos e educacionais.

OS RESULTADOS HIPOTÉTICOS DE DESEMPENHO TÊM MUITAS LIMITAÇÕES INERENTES, ALGUMAS DAS QUAIS SÃO DESCRITAS ABAIXO. NÃO ESTÁ SENDO FEITA NENHUMA DECLARAÇÃO DE QUE QUALQUER NEGÓCIO IRÁ OU PROVAVELMENTE ALCANÇARÁ LUCROS OU PERDAS SEMELHANTES AOS MOSTRADOS OU DESCRITOS. NA REALIDADE, FREQUENTEMENTE EXISTEM DIFERENÇAS SIGNIFICATIVAS ENTRE OS RESULTADOS HIPOTÉTICOS DE DESEMPENHO E OS RESULTADOS REAIS POSTERIORMENTE ALCANÇADOS POR QUALQUER NEGÓCIO EM PARTICULAR. UMA DAS LIMITAÇÕES DOS RESULTADOS HIPOTÉTICOS DE DESEMPENHO É QUE ELES SÃO GERALMENTE PREPARADOS COM O BENEFÍCIO DA RETROSPECTIVA. ALÉM DISSO, OS NEGÓCIOS HIPOTÉTICOS NÃO ENVOLVEM RISCO FINANCEIRO, E NENHUM REGISTRO DE NEGÓCIOS HIPOTÉTICOS PODE EXPLICAR COMPLETAMENTE O IMPACTO DO RISCO FINANCEIRO E DE OUTROS RISCOS NOS NEGÓCIOS REAIS. POR EXEMPLO, A CAPACIDADE DE SUPORTAR PERDAS OU DE ADERIR A UMA ESTRATÉGIA DE NEGÓCIOS ESPECÍFICA, APESAR DAS PERDAS COMERCIAIS, SÃO PONTOS IMPORTANTES QUE TAMBÉM PODEM AFETAR NEGATIVAMENTE OS RESULTADOS COMERCIAIS REAIS. EXISTEM INÚMEROS OUTROS FATORES RELACIONADOS AOS MERCADOS EM GERAL OU À IMPLEMENTAÇÃO DE QUALQUER PROGRAMA DE NEGÓCIOS ESPECÍFICO, QUE NÃO PODEM SER TOTALMENTE EXPLICADOS NO PREPARAÇÃO DO DESEMPENHO HIPOTÉTICO. Quando utilizado neste documento, o termo "livro" refere-se a este livro, ao seu conteúdo e a todas as informações e ideias nele contidas.

Princípios orientadores

"O risco vem de não saber o que você está fazendo." - Warren Buffett

"Mais importante do que a vontade de vencer é a vontade de se preparar." - Charlie Munger

Uma palavra rápida

LEILA:

Escrevi esta dedicatória há sete anos no meu primeiro livro...

Quero agradecer à minha parceira, minha companheira no bom e no ruim, Leila. Você me encontrou no meu pior momento e, desde então, lutamos lado a lado, ombro a ombro. Você disse que dormiria comigo debaixo de uma ponte se fosse necessário, e eu nunca esqueci isso. Você se manteve firme quando tudo ao meu redor desmoronava. Eu iria para a guerra com você. Eu morreria por você. Se o mundo fosse um furacão, ficar ao seu lado seria como estar no olho do furacão, observando calmamente a tempestade que se abate sobre nós. Não há mais ninguém que eu queira ao meu lado para enfrentar as batalhas que virão. Estar com você faz as estrelas parecerem ao nosso alcance. Um brinde a uma vida repleta de impossíveis.

E sete anos depois... nada mudou.

TREVOR: ***Assim como o ferro afia o ferro, uma pessoa afia a outra. Provérbios 27:17***

É algo raro e maravilhoso ver que o homem mais inteligente que você já conheceu te tem como amigo. Se a ignorância é o único mal verdadeiro e o conhecimento o único bem verdadeiro, você, meu irmão, é uma força do bem. O mundo é melhor com você nele. E eu lutarei para mantê-lo assim. Minha vida não seria a mesma sem você. Eu não seria o mesmo sem você. Duvido que algum dia consiga retribuir o favor que você me faz ao estar na minha vida. Mas vou viver tentando. Obrigado por me dar um presente muito maior do que um parágrafo no início de um livro jamais poderia retribuir. Colocaremos nosso tijolo no muro. Um brinde a uma amizade única em toda uma geração. Philia.

Conteúdo

COMECE AQUI

O mundo quebra a todos, no entanto, muitos tornam-se mais fortes, justamente nos pontos onde foram quebrados. - Ernest Hemingway

Onde eu dormi na minha primeira academia: meu "quarto de concreto".

Eu ficava olhando para o teto no escuro, sozinho. Não tinha ninguém a quem recorrer. Parece legal quando você conta a história depois, mas não era assim que eu me sentia. Eu estava apavorado.

Fui contra a vontade do meu pai. Abandonei a faculdade de administração. Gastei todas as minhas economias. Todas as pessoas de quem gostava me disseram para não fazer isso. Eu era o idiota que desistiu de uma boa carreira.

Achei que ficaria ansioso pela luta. Mas a realidade bateu... muito *rapidamente*.

Algumas crianças bagunçavam a noite toda na garagem acima do meu quarto. Elas corriam sobre as divisórias de aço. Pareciam tiros ecoando no meu quarto de concreto. E assim que eu começava a pegar no sono, era acordado com outro *bang-bang bang-bang*.

Finalmente desisti de tentar dormir à noite. Acabei me contentando com cochilos ao meio-dia — na despensa. Então, no meio da noite, eu trabalhava. *Eu precisava ganhar dinheiro*.

Minha academia ficava em frente a uma grande empresa de armazenamento. O proprietário tornou-se um dos meus poucos membros da academia... só pela conveniência. Algumas semanas depois de se inscrever, ele me chamou de lado depois do treino. “Eu estava fazendo as contas”, disse ele, “parece que você está em dificuldades”. Tentei esconder meu constrangimento, mas não consegui. “Tudo bem, garoto. Amanhã vamos tomar café da manhã juntos.” Hesitei, por causa da minha conta bancária. Antes que eu pudesse responder, ele disse: “... não se preocupe. Por minha conta.” Ufa.

Na manhã seguinte, nos encontramos em uma lanchonete ali perto por volta das 5.

Quando a garçonete trouxe nosso café, ele perguntou: “Quanto tempo você ainda tem de vida?”

“Hã?”

“Quanto você tem guardado?”

“Cerca de cinco mil.”

“Quanto tempo isso dura até você ficar zerado?”

Pensei por um momento. “Mais ou menos um mês.”

“Difícil. Como você está conseguindo clientes?”

“Tenho uma promoção especial de seis semanas por US$ 39,00 em um site de descontos.”

“Quantos clientes você conseguiu?”

“Quatro.”

“Parece que você tem um problema... que precisa resolver... rapidamente.” Ele me deixou absorver o que ele disse. Então vi um sorriso abrir no seu rosto. “Deixe-me fazer uma pergunta... *Quanto custa um mês grátis de armazenamento?”*

Eu dei de ombros... “Uh, nada?”

Ele percebeu minha confusão e disse: “Tudo bem, vamos dar uma volta. Vou explicar tudo na minha empresa.”

Assim que entramos, a moça da recepção nos cumprimentou. “Bom dia, senhores!”

“Bom dia, Judy. *Quanto custa um mês grátis de armazenamento?*”

“US$ 127,00, senhor”, ela respondeu alegremente.

Ele sorriu e se virou para mim. “Quer saber como?” Eu acenei que sim. Ele me levou pelo escritório e por uma das fileiras recém-pintadas. “Então, anunciamos o primeiro mês como gratuito, *e ele é.* Mas qual é a primeira coisa que você precisa depois de conseguir uma unidade de armazenamento?”

“Não sei.”

“Exatamente. Ninguém sabe. Mas eu sei — e eu os ajudo. Então, deixe-me dar uma dica...” Ele apontou para a fechadura da porta.

“Certo... um cadeado!”

“Sim, e não um daqueles frágeis que as crianças usam nos armários. Esses não servem. Além disso, qualquer bandido com um alicate pode quebrar rapidinho..., mas não uma dessas.” Ele bateu no cadeado para enfatizar seu argumento.

“Nossa, parece mesmo. Onde você consegue um desses?”

“Engraçado você perguntar. *Tenho um depósito cheio deles.* Ele seria seu hoje por apenas US$ 47,00.”

“Certo, certo... Entendi. Eles vêm para aproveitar o mês grátis, mas de que adianta um depósito se não dá para trancar?”

“Exatamente”, disse ele.

“Entendi, mas de onde vêm os outros US$ 80,00?”

“Ótima memória. Então, o que mais você vai querer?”

Dei de ombros.

“Bem, se você tem *coisas* para guardar, vai precisar de *caixas* para isso! Mas não se preocupe. Temos caixas de vários formatos e tamanhos para atender a todas as suas necessidades de armazenamento. Também oferecemos fita adesiva, etiquetas e marcadores resistentes para que você saiba exatamente o que há em cada caixa e onde a colocou. Super prático.”

“Ah, claro. Faz todo o sentido.”

“O que mais você vai precisar?”

“Não sei... ajuda para transportar?”

“Sim! Na verdade, não oferecemos um serviço de mudança aqui. Mas temos uma parceria com uma empresa de mudanças local e recebemos uma comissão. E se você quiser transportar todas as suas coisas sozinho, tudo bem também. Temos carrinhos, carrinhos de mão, correias e outras ferramentas úteis disponíveis... *por uma taxa*. Afinal, por que comprar um monte de coisas que você só vai usar uma vez? Seria um desperdício!"

"Ah, verdade, não tinha pensado nisso."

"O que mais você vai precisar?"

"Hum, realmente não sei."

"Bem, o que você armazena é valioso, certo? Pelo menos, valioso para você de alguma forma. Afinal, se não fosse, você descartaria tudo para o lixo! Então... você vai querer um seguro, caso algo ruim aconteça. Agora, eu já ofereço US$ 500,00 de seguro gratuito para todos os clientes. Mas se você tiver uma das fechaduras especiais *que só eu ofereço,* vou aumentar para US$ 100.000,00, por apenas US$ 10,00 *a mais* por mês." Ele se encheu de orgulho.

"Caramba. E tudo isso soma US$ 127,00?"

"Sim. Mas ainda não acabamos. Sabe o que sempre parece acontecer?"

Entrando no jogo dele, eu entrei na onda. "Não faço ideia, o que acontece?"

"Todo mundo tem muito mais coisas do que imagina. E *sempre* alugam um espaço pequeno demais! Na verdade, isso acontece com tanta frequência que *sempre* oferecemos um tamanho maior. Eles ganham o espaço de que precisam e nós ganhamos um dinheiro extra. Fica bom pra todo mundo."

"Uau. Isso é muito legal. Eu não sabia nada disso."

"Claro que não. Por que você saberia?"

"Pois é. Mas como posso usar isso para expandir minha academia?"

"Então. Eu jogo esse jogo desde que você nasceu. E quando você descobre como ganhar dinheiro em um negócio, e eu realmente quero dizer descobrir, você vê maneiras de ganhar dinheiro em qualquer ramo. E uma coisa é certa: Quanto mais você joga, mais você aprende."

"Uau, então você tem esse lugar há 23 anos?"

"Este daqui não. Este é um dos meus mais novos."

"Você tem mais de um?"

"Tenho 27."

"Oh... caraca." Eu me senti minúsculo.

"Bom, preciso ir trabalhar. Você sabe como sair daqui?"

"Sim", respondi rindo. "Acho que consigo atravessar a rua."

Dois anos e meio depois...

Agora eu tinha seis academias. Tinha subido de nível. E queria subir de nível novamente. Então, paguei US$ 25.000 por uma hora com um famoso profissional de marketing. Eu nunca tinha falado com ele. Mas conhecia o trabalho dele como a palma da minha mão. Eu tinha um objetivo para essa ligação: que ele me ajudasse a expandir minhas academias.

Depois de breves apresentações, mergulhamos no assunto.

"... então, sim, e é assim que eu abro minhas academias com capacidade total no primeiro dia. Eu dou US$ 3.000 de entrada para o aluguel e disparo anúncios por alguns dias. Eu convenço os clientes no prédio vazio. Depois, o dinheiro arrecadado com as inscrições é usado para mais anúncios, equipamentos, pintura, piso, móveis, sinalização e tudo o mais que o local precisar. Fazendo desse jeito, eu abro um novo local a cada seis meses, sem dívidas."

"Uau, que legal! Me explica com um pouco mais de detalhes, por favor."

O negócio dele rendia um milhão de dólares por mês. Esses números me impressionaram muito. *E ele quer saber como **eu** faço propaganda?* Eu me enchi de orgulho.

"Eu divulgo um Desafio Gratuito de 6 Semanas até conseguir cerca de 20 leads por dia", respondi.

"Entendi, continue", disse ele.

"Cerca de metade dos clientes potenciais aparecem no encontro. Eu vendo para metade deles um programa de US$ 600. Então, cerca de 25% dos meus clientes potenciais tornam-se clientes pagantes. Também consigo mais US$ 80 de lucro por cliente com a venda de suplementos. Nada mal."

"Concordo. Então você ganha cerca de 680 dólares por cliente antes mesmo de abrir as portas. Muito bom..., mas você esqueceu de mencionar algo."

"O que eu deixei de fora?"

"Quanto você paga por lead?"

"Ah... 5 dólares." *Se alguma vez houve um silêncio ensurdecedor na minha vida, foi nesse momento.*

Ele gaguejou um pouco: "Então você coloca *um* dólar... e ganha *34 dólares... em 48 horas?*"

"Sim? Isso é bom?"

"É incrível", disse ele. "Você tem alguma coisa acontecendo nos bastidores?"

Eu sorri de orelha a orelha. "Sim! Algumas semanas depois, digo a eles que podem receber seus US$ 600 de volta como crédito se decidirem se inscrever por um ano. Dois terços das inscrições se convertem em assinaturas. Então, acabo com uma academia cheia e US$ 20.000 em assinaturas mensais... por US$ 3.000 adiantados. Depois, repito o processo."

"Espere um segundo, você faz tudo isso *em trinta dias*?"

"Sim. Muito legal, né?"

Ele esfregou os olhos. "Você não deveria estar administrando academias."

Meu Deus. Achei que ele fosse me elogiar, mas ele me disse que eu deveria desistir? Minha mente disparou...

"Alex", ele disse, trazendo-me de volta à realidade, "você tem uma habilidade de nível 10 em uma oportunidade de nível 2."

Bem, pelo menos ele não acha que eu sou péssimo. "Ok, o que devo fazer?"

"Você não deveria estar administrando academias. Você deveria estar mostrando a outros proprietários de academias como fazer o que acabou de me mostrar."

Eu odiava a ideia de desistir do que levei anos para construir. Mas... ele ganhava *muito mais dinheiro* do que eu. Imaginei que, se ignorasse o conselho dele, seria como queimar meu dinheiro. Então, segui o conselho dele.

***

Nos nove meses seguintes, fechei minha academia mais nova e vendi as outras cinco. Isso me deu tempo para me dedicar totalmente à minha nova empresa: Gym Launch. Nos dois anos seguintes, viajei pelo país transformando academias. Então, após mais de 30 transformações, mudei para um modelo de licenciamento. Não voava mais pessoalmente. Em vez disso, ajudava os donos a seguir o nosso modelo comprovado para encher as suas academias e aumentar os lucros. Era um mercado pequeno, sem dúvida, mas eles estavam em grande necessidade — alguns literalmente passando necessidade. Assim que enchiam a academia em trinta dias, contavam aos amigos. A Gym Launch decolou como um foguete. Foi incrível.

Nos cinco anos seguintes, recebi mais de US$ 43 milhões em distribuições de lucros. Em seguida, vendi 66% da empresa por US$ 46,2 milhões em uma transação totalmente em dinheiro. Com essa transação, ultrapassei US$ 100 milhões em patrimônio líquido aos 31 anos. E, para ser sincero, ninguém ficou mais surpreso do que eu.

A partir daí, minha esposa e eu fundamos nossa empresa familiar Acquisition.com para investir em negócios que sabemos como fazer crescer. Nosso portfólio, no momento em que este artigo foi escrito, movimenta mais de US$ 200 milhões por ano em receita anual. Ela abrange redes físicas, softwares, serviços e comércio eletrônico. Embora trabalhemos em muitos setores diferentes, todas as nossas empresas crescem usando os mesmos princípios que compartilho neste livro.

Então, o que você ganha com isso?

Em poucas páginas, levei você de dormir no chão a ultrapassar US$ 100 milhões em patrimônio líquido. Então, a pergunta natural é... como? Resposta: *ganhando mais dinheiro com os clientes do que custa para conquistá-los*. E é disso que trata este livro, *Modelos de dinheiro de US$ 100 milhões*.

Desde que estou no mundo dos negócios, o panorama mudou mais de uma vez. E continuará mudando. A boa notícia é que princípios sólidos ajudam você a ganhar dinheiro, não importa o que aconteça. Aprendi muitos Modelos de Dinheiro. Abordo meus favoritos aqui.

Modelos de dinheiro de US$ 100 milhões traz ofertas já comprovadas que você pode usar hoje mesmo. E também as instruções para colocá-las em prática. Pense que Modelos *de dinheiros de US$ 100 milhões* é um livro de bilhetes de loteria premiados — tudo o que você precisa fazer é resgatá-los.

Além disso, quero deixar claro que *estas são minhas anotações particulares.* Se está aqui, é porque ganhei dinheiro com isso. Estes capítulos contêm minhas observações e experiências com diferentes negócios. Desde redes locais, produtos físicos, serviços, educação, softwares e assim por diante. E elas estavam espalhadas por toda parte ao longo dos anos. *Até agora.*

Este é o meu livro de receitas para fazer dinheiro.

Como este livro está estruturado

Este livro ensina *uma* coisa incrivelmente lucrativa: **como construir um Modelo de Dinheiro de US$ 100 milhões.** Com um Modelo de Dinheiro de US$ 100 milhões, *você ganha tanto dinheiro nos primeiros trinta dias que o custo de conquistar mais clientes nunca mais será um problema.* Com tantos clientes, você será forçado a trabalhar em *todas as outras coisas* do seu negócio apenas para acompanhar o ritmo! Um problema para outro livro resolver (carinha piscando).

Resumo do livro

Comece aqui: *Você acabou de terminar.*
Seção I: O que é um Modelo de Dinheiro? *A seguir...*
Seção II: Ofertas de atração
Seção III: Ofertas de vendas adicionais
Seção IV: Ofertas de redução de venda
Seção V: Ofertas de continuidade
Seção VI: Crie seu Modelo de Dinheiro

É isso. Muito fácil. Vamos começar.

Dica profissional: aprenda mais rápido e de maneira mais profunda lendo e ouvindo ao mesmo tempo

Aqui está um *life hack* que descobri há alguns anos. Se você ouvir um audiolivro e ler o livro ou o e-book ao mesmo tempo, você lê mais rápido e lembra mais. Você armazena o conteúdo em mais lugares do seu cérebro. É muito legal. É assim que eu leio livros que valem a pena.

Também faço essas duas coisas porque tenho dificuldade em manter a concentração. Se ouvir o áudio enquanto leio, isso me ajuda a evitar distrações. Levei dois dias para gravar este livro em áudio. Fiz isso para que, se tiver a mesma dificuldade que eu, já tenha essa facilidade.

Se você quiser experimentar, vá em frente, adquira a versão em áudio e veja por si mesmo. Eu fiz meus livros o mais barato quanto as plataformas me permitiram, então isso não é uma manobra para ganhar um dinheiro extra — eu prometo. Espero que você ache isso tão valioso quanto eu achei.

Decidi colocar esse "hack" logo no início. Assim, você terá a chance de colocar em prática se achar o primeiro capítulo valioso o suficiente para merecer sua atenção.

Dica profissional: truque para terminar livros

Eu me distraio facilmente. Por isso, preciso de pequenos truques para manter minha atenção. Este me ajuda muito: termine os capítulos, não pare no meio. Concluir um capítulo proporciona um reforço positivo. Isso faz com que você continue. Portanto, se você encontrar um capítulo difícil, termine para poder começar o próximo com disposição.

SEÇÃO I: O QUE É UM MODELO DE DINHEIRO?

"Hormozi tem o maior retorno sobre publicidade de todas as empresas que utilizam nossa plataforma de rastreamento de publicidade... por muito. Ele tem a maior discrepância que já vimos entre dólares gastos e dólares ganhos. E nós só trabalhamos com empresas que gastam pelo menos US$ 250.000 por ano em marketing ou mais, então esses são os melhores profissionais de marketing, e seus números são estratosféricos em comparação." - Alex Becker, CEO, Hyros.com

Dezembro de 2019.

"Olá, senhor, posso ver sua identidade para verificar sua reserva?", perguntou o agente da locadora de veículos, sorrindo. Eu já tinha minha identidade em mãos e a deslizei pelo balcão.

"Hmm. Parece que não temos o carro que você reservou. Temos um carro equivalente, mas… você é um cara grande. Você prefere uma caminhonete mais espaçosa?"

"Sim, parece ótimo", respondi.

"Você ficará aqui por três dias." Ela inclinou um pouco a cabeça para o lado. "Você gostaria de fazer uma devolução tardia para poder devolver o veículo a qualquer hora do dia sem se preocupar com multas por atraso?"

Abri minha agenda no celular. "Sim, a gente têm um voo à noite. Então, tudo bem."

"Ótimo. Me dê um segundo... só estou inserindo essas informações. Você gostaria de um seguro melhor para cobrir quaisquer amassados ou arranhões no carro? Ele cobre todos e quaisquer danos ao veículo durante o seu período de uso."

"Não, tudo bem. Não temos planos de fazer corridas de racha enquanto estivermos aqui", brinquei.

"Então, apenas o seguro *mínimo*?"

"Sim. É tudo o que vou precisar."

"Tudo bem, já te entrego as chaves num instante. Quer que nós nos encarreguemos do combustível para que não tenha de se preocupar em encher o tanque? Pode devolver vazio e não precisa de se preocupar em pagar nenhuma taxa. Fazemos isso por US$ 3,75 por galão."

"Quanto custa a gasolina por aqui?", perguntei.

"Cerca de US$ 3,50 por galão", ela respondeu sorrindo.

"Claro, por que não? Detesto encher o tanque quando estou com pressa para pegar um voo."

"Muito bem! Aqui está o seu recibo. Basta virar a esquina e sua caminhonete deve estar mais ou menos na metade da rua, do lado esquerdo. Boa viagem!"

***

Ao me afastar, olhei para o recibo e isso me fez parar. Só pude rir de mim mesmo. Eu vim para alugar um carro por US$ 19/dia e acabei pagando US$ 100/dia. Uma diferença de 5 vezes! E esse é o poder de um Modelo de Dinheiro bem projetado. Eles sabiam tudo o que eu queria (e coisas que eu nem sabia que iria querer). E quando me ofereceram, eu comprei com prazer.

Um Modelo de Dinheiro Aconteceu

Um Modelo de Dinheiro é uma *sequência de ofertas.* Na sua essência, encontramos todas as oportunidades para resolver o problema de um cliente... e depois oferecemos a solução. Por esse motivo, os Modelos de Dinheiro tendem a ter muitas ofertas numa ordem específica. Se oferecer o produto certo quando os clientes percebem que precisam dele, pode fazer *quantas ofertas quiser.*

Este é o Modelo de Dinheiro da locadora de veículos, explicado de forma simples:

Oferta nº 1: Upgrade do veículo

Oferta nº 2: Devolução tardia

Oferta nº 3: Seguro premium

Oferta nº 4: Seguro mínimo com desconto

Oferta nº 5: Combustível pré-pago

Então, sim, paguei mais, *mas também resolvi mais problemas.* Vamos analisar os problemas que ela resolveu:

- Ela resolveu meu problema de "cara grande em um carro pequeno" *oferecendo* um veículo com mais espaço.
- Ela resolveu meu problema de "check-out tardio" *oferecendo* a flexibilidade de manter o veículo por mais tempo.
- Ela resolveu minha "preocupação em danificar o carro" *oferecendo* um seguro para me proteger contra isso.
- Ela resolveu o meu problema de "risco de perder o voo" *oferecendo* uma forma de pagar antecipadamente a gasolina, para que eu não tivesse que fazer isso na minha volta.

... E todas essas coisas me custaram um dinheiro *que eu fiquei feliz em gastar.*

A locadora de veículos pensou em todos os detalhes. Eles me informaram sobre o problema e, em seguida, *disponibilizaram a solução para mim.* Eles ofereceram soluções para taxas mais altas e aborrecimentos que eu poderia ter mais tarde por taxas menores no total *agora.*

Como resultado, meu aluguel de US$ 19 se transformou em um aluguel de US$ 100. Paguei *mais dinheiro mais rápido.* E agora podemos ver por que o setor de aluguel de carros gera bilhões apenas nos Estados Unidos... *por mês.* Um Modelo de Dinheiro de sucesso.

Cuidado: Modelos de Dinheiro ruins acabam com os negócios

Para muitas empresas, conseguir que alguém compre um produto custa mais do que o lucro que obtêm com esse produto. Em outras palavras, elas perdem dinheiro conseguindo novos clientes — *o que é um grande problema.*

E é assim que isso acontece:

- Elas gastam dinheiro para conseguir clientes.
- No final do mês, percebem que gastaram mais do que ganharam.
- Elas cortam gastos com publicidade.
- Conseguem menos clientes do que poderiam atender, porque não têm recursos para isso.
- Então, cortam completamente a publicidade.
- Financiam o negócio com dinheiro pessoal, empréstimos, créditos e, depois... *rezam* para ter lucro.
- Vendem porcentagens do negócio apenas para manter as portas abertas.
- Esperam meses (ou anos!) para recuperar o dinheiro investido... se é que isso vai acontecer.
- Ficam cada vez mais para trás até...
- Por fim, perder tudo.

Mas não precisa ser assim. Há muito dinheiro disponível, você só precisa *ir atrás dele.*

Nos negócios tradicionais, o lento gotejar dos lucros de muitos clientes *acaba* por pagar um único cliente. Esse "gotejar" priva o negócio de dinheiro. Isso significa que só podem conseguir muitos clientes através da publicidade... *se já tiverem muitos clientes!*

As grandes empresas (ou pequenas empresas com investidores) podem fazer isso porque têm dinheiro para gastar.

Pense da seguinte maneira. Se você gastar US$ 100 em publicidade para conseguir um cliente e ganhar 500 dólares de lucro com eles, é um ótimo negócio. Você deveria aceitar sem pensar duas vezes. Mas e se você levar dois anos para recuperar o seu dinheiro? É um ótimo negócio... se você já tiver muito dinheiro no banco. Caso contrário, *você vai ficar sem dinheiro*. Isso deixa você com duas opções:

Opção nº 1: Esperar dois anos para receber o pagamento e rezar para não ficar sem dinheiro.

Opção nº 2: Receber o pagamento rapidamente e crescer o quanto quiser.

Um bom Modelo de Dinheiro é a opção 2.

Nota do autor: Obtenha lucro suficiente para cobrir seus custos em 30 dias ou menos

Gosto de cobrir meus custos para conquistar um cliente em 30 dias. Principal motivo: qualquer empresa pode obter dinheiro sem juros por 30 dias em um cartão de crédito. Se você liquidar sua fatura antes do final do mês, funciona como dinheiro normal. Então você pode usar seu crédito para conquistar um cliente, pagar a fatura e, em seguida, usar novamente para conquistar o próximo cliente. E se você puder pagar *antes* dos 30 dias, pode fazer isso novamente. Aí você repete o processo sucessivamente.

Bons Modelos de Dinheiro criam milionários

Se você fizer mais ofertas e as pessoas as comprarem, você ganhará mais dinheiro. Se ganhar mais dinheiro, poderá usá-lo para conquistar mais clientes. Se eles pagarem mais rápido, você poderá conquistar esses clientes mais rapidamente *e* manter a lucratividade.

Mas e se você tornar seus clientes duas vezes mais valiosos, conseguir o dobro deles e conquistá-los duas vezes mais rápido? *Seu negócio crescerá 8 vezes mais rápido.* E se você triplicá-los, *seu negócio crescerá 27 vezes mais rápido.* Entende onde eu quero chegar? Você pode se tornar muito grande, ter muito lucro, de maneira muito rápida... *com apenas algumas mudanças.* E é exatamente isso que vou mostrar como fazer.

Em seguida

Os Modelos de Dinheiro são uma sequência de ofertas. Ofertas diferentes resolvem problemas diferentes. Portanto, se você quer vencer, precisa descobrir o que oferecer *em seguida*. Para descobrir isso, você precisa entender *os quatro tipos de ofertas...*

Os quatro tipos de ofertas que compõem os Modelos de Dinheiro

Pare de ser pobre. - Paris Hilton
O limite não existe. - Lindsay Lohan, Cady Heron em Meninas Malvadas

Fazer uma oferta funciona melhor do que não fazer nenhuma. E fazer mais ofertas funciona melhor do que fazer apenas uma. Combinar ofertas em sequência cria um Modelo de Dinheiro. Meus Modelos de Dinheiro combinam quatro tipos diferentes de ofertas.

Quatro tipos de ofertas

Existem quatro tipos de ofertas: Ofertas de atração, Ofertas de vendas adicionais, Ofertas de redução de venda e Ofertas de continuidade. Todas melhoram nosso Modelo de Dinheiro, mas cada uma de maneira *diferente*. Elas funcionam muito bem sozinhas, mas juntas tornam seu negócio imparável.

1) **As ofertas de atração** transformam estranhos em clientes.
2) **As ofertas de vendas adicionais** fazem com que as pessoas gastem mais dinheiro.
3) **As ofertas de redução de venda** fazem com que as pessoas digam sim quando teriam dito não.
4) **As ofertas de continuidade** fazem com que as pessoas continuem comprando.

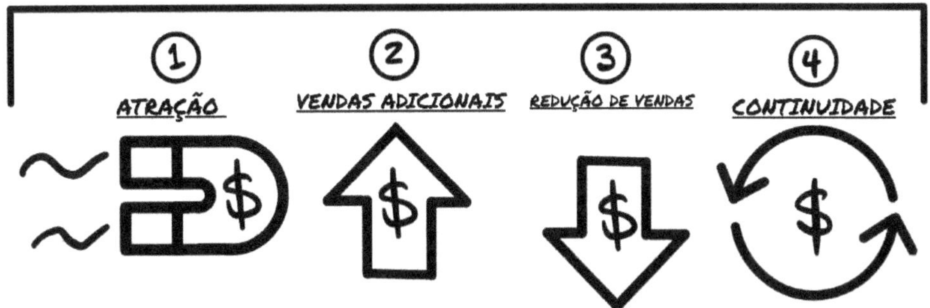

Se você observar grandes empresas, verá diferentes versões dessas ofertas como componentes essenciais de seu mecanismo de geração de receita. Você pode usar uma, duas, múltiplas formas de uma ou todas as quatro ofertas juntas. Você pode combiná-las como quiser. Mas, quando observo *meus* negócios mais lucrativos, percebo que usei todas as quatro. E aqui está o motivo:

Se você não tiver uma oferta para atrair clientes, não conseguirá tantos. Mas digamos que você tenha. Se você tiver apenas essa única coisa a oferecer, não ganhará nem de longe tanto dinheiro quanto poderia. Portanto, se você tiver algo a oferecer em seguida, uma venda adicional, finalmente ganhará algum dinheiro.

Mas você ainda não ganhará tanto quanto poderia, porque muitas pessoas continuarão dizendo "não". Então, transformamos esses "nãos" em "sins" com vendas adicionais. E isso funciona muito bem. Mas seria ainda melhor se você tivesse essa renda extra garantida *mês após mês*. Então, você faz uma oferta de continuidade para completar. É assim que eu gosto de fazer.

Como estruturei as seções

Começo com as ofertas de atração, porque se você não está conseguindo clientes, precisa primeiro desse tipo de oferta. Em seguida, abordamos as ofertas de venda adicional, seguidas pelas ofertas de redução de vendas. Para concluir os quatro tipos, mostro minhas ofertas de continuidade favoritas, *exatamente do jeito que eu aprendi*.

Como estruturei cada capítulo

Cada capítulo tem seis elementos:

1) **Rabiscos** diretamente das minhas anotações. Exatamente como eu os desenhei. Isso me ajudou a lembrar, então vai te ajudar a lembrar também.

2) A **história** de como aprendi este Modelo de Dinheiro.

3) Uma **descrição** de como o Modelo de Dinheiro funciona.

4) Alguns **exemplos** de como esse Modelo de Dinheiro funciona em diferentes setores. Pense em como você poderia usar o Modelo de Dinheiro em seu negócio.

5) **Notas importantes** e táticas que fazem o Modelo de Dinheiro funcionar. Essas dicas ajudam você a executar a jogada — como se fosse a centésima vez que você a faz — *na sua primeira tentativa.*

6) Um **resumo**. Todos os pontos importantes sobre o Modelo de Dinheiro. Além disso, algumas reflexões adicionais sobre como tornar o Modelo de Dinheiro mais lucrativo.

Observações importantes:

Muito bem. Antes de divulgar esta pilha de pepitas de ouro, preciso esclarecer algumas coisas:

1) **Todas as empresas têm Modelos de Dinheiro. É isso que faz uma empresa ser uma empresa.** Troque o mantra *das pessoas pobres* "isso não vai funcionar para a minha empresa" pelo mantra *das pessoas ricas* "como posso fazer isso funcionar para a minha empresa?". Todos funcionam. *Seja criativo.*

2) **Alguns Modelos de Dinheiro funcionam melhor em alguns negócios do que em outros.** São apenas maneiras diferentes de oferecer produtos. Se você tentar copiar o que os outros fazem, ficará desapontado. Para funcionar no seu negócio, você precisa criar o seu próprio modelo (mas não se preocupe, vou mostrar como fazer isso).

3) **Se um cliente pedir o dinheiro *de volta, devolva.*** Evite dores de cabeça. E se você *fez bobagem, conserte.* Não seja bobo. Trate bem os clientes. Da próxima vez, invista tempo e recursos para conseguir clientes melhores.

4) **A venda agressiva é para produtos fracos.** Se alguém não quer algo, *tudo bem.* Não tente convencer alguém contra a sua vontade. Faça ofertas no momento em que o seu cliente tiver um problema e você estará à frente da concorrência. Se eles não quiserem, não se preocupe. Encontre alguém que queira. É uma questão de números.

5) **Obedeça à lei**. Aprendi essas estratégias em diferentes situações, com diferentes pessoas, usando diferentes plataformas, em diferentes épocas, em diferentes lugares, seguindo regras diferentes. As leis de publicidade mudam constantemente. E tendem a ficar cada vez mais rígidas, especialmente quando se trata de "grátis". Verifique com advogados se a oferta que você deseja fazer é legal ou não. Este livro tem como objetivo servir de inspiração para o Modelo de Dinheiro. Use para isso.

6) **Seja transparente.** Apresente os fatos. E se os fatos não forem convincentes, mude a realidade para torná-los convincentes ou aprenda a apresentá-los de uma forma que os torne convincentes. Não minta. Você acabará prejudicando a si

mesmo a longo prazo. E, ao contrário das dívidas de cartão de crédito, você não pode declarar falência para apagar uma má reputação. Uma vez que você tenha uma má reputação, ela permanecerá para o resto da vida.

7) **Qualquer oferta pode ser usada isoladamente, a qualquer momento, em qualquer ordem.** Um negócio funciona desde que gere lucro. A maioria das ofertas apresentadas neste livro poderia, *por si só*, satisfazer esse requisito mínimo. Quando utilizadas na sequência certa e no momento certo, elas geram um *Modelo de Dinheiro de US$ 100 milhões*. Tenho grandes sonhos e aposto que você também tem. Por isso, vamos usar todas elas.

Dito isso, vamos começar.

Primeiro: Ofertas de atração

A maioria das empresas gasta muito para conquistar clientes e ganha muito pouco com eles. *Elas têm restrições financeiras.* Mas você usa dinheiro para conquistar mais clientes. E eu gosto de ter mais clientes. Por isso, sempre resolvo isso primeiro com uma oferta atraente.

PRESENTE DE GRAÇA: Tutorial bônus sobre os quatro tipos de ofertas

Se você quiser saber mais sobre como pensamos ao combinar diferentes ofertas, acesse acquisition.com/training/money. É gratuito e disponível ao público. Meu objetivo é conquistar sua confiança. E a confiança é construída tijolo por tijolo. Deixe que este treinamento seja o primeiro de muitos tijolos. Aproveite. Você também pode escanear o código QR se não gosta de digitar.

SEÇÃO II: OFERTA DE ATRAÇÃO

Como transformar olhares em dinheiro.

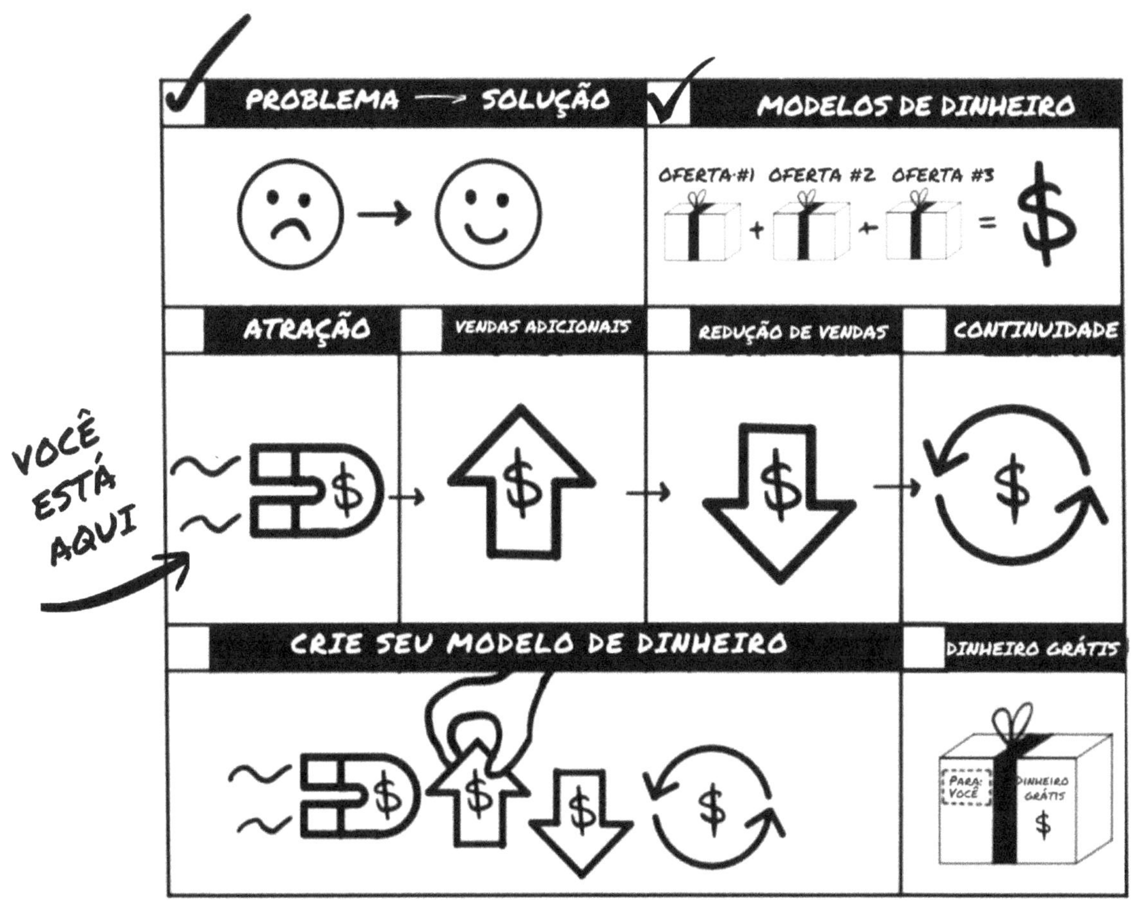

As ofertas de atração geram leads *e* os convertem em clientes. Elas transformam publicidade em dinheiro, oferecendo algo gratuito ou com desconto. Fazemos isso porque todos querem um bom negócio. Em uma boa oferta, os clientes obtêm *muito* mais valor do que o preço que pagam. Estranhos só tem a sua palavra sobre o valor. Mas eles entendem perfeitamente o preço. Por esse motivo, os descontos tornam *qualquer coisa* uma boa oferta para praticamente *todo mundo.* E quanto maior o desconto, melhor é a oferta. O maior desconto de todos é *ser de graça.*

Então, primeiro, sempre que eu disser "grátis", você também pode usar "desconto" ou "US$ 1". Sempre que eu usar "desconto", você também pode usar "grátis" ou "US$ 1" e assim por diante. Eles existem em uma continuidade porque todos descontam o preço de um produto de alguma forma — mesmo que o desconto seja de 100%!

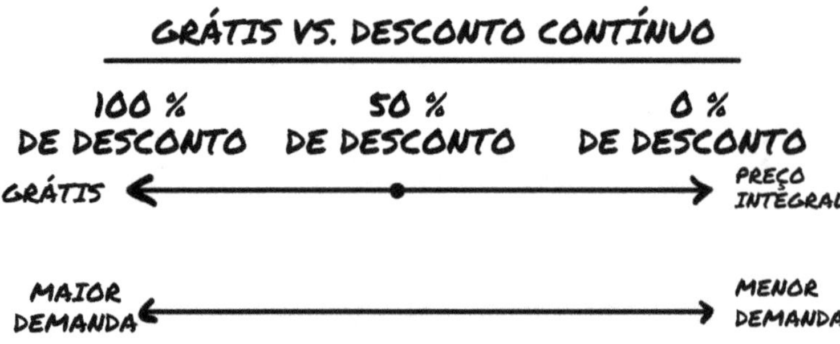

Se você consegue imaginar uma maneira de usar um desconto ou uma oferta gratuita... então você pode aplicar. Depois disso, deixarei você usar sua cabeça para trocá-los como achar melhor.

Então, como você ganha dinheiro oferecendo coisas gratuitas?

Pense assim: as pessoas procuram uma coisa e acabam comprando outra por acaso *o tempo todo*. As ofertas de atração fazem com que elas façam isso *de propósito*. Mas o que é melhor do que coisas grátis? *Mais e ainda melhores coisas grátis.* Uma coisa de graça é ótimo. Duas coisas grátis são ainda mais incríveis. E, talvez, para conseguir essas duas coisas grátis, *elas tenham que comprar uma*. É assim que ganhamos dinheiro com coisas grátis.

Nesta seção, apresento minhas cinco maneiras favoritas de ganhar dinheiro oferecendo coisas gratuitas:

1) Recupere seu dinheiro
2) Brindes
3) Oferta de isca
4) Compre X e ganhe Y grátis
5) Pague menos agora ou pague mais depois

Vamos ganhar dinheiro.

PRESENTE DE GRAÇA: Tutorial bônus sobre ofertas de atração

Eu fiz um vídeo gratuito para você sobre como funcionam as ofertas de atração. Se quiser, basta acessar acquisition.com/training/money. Não é necessário se inscrever. Aproveite. Você também pode escanear o código QR se não gosta de digitar.

Ganhe seu dinheiro de volta

Se você fizer X dentro de um prazo Y e dentro das regras z, pode ter de graça.

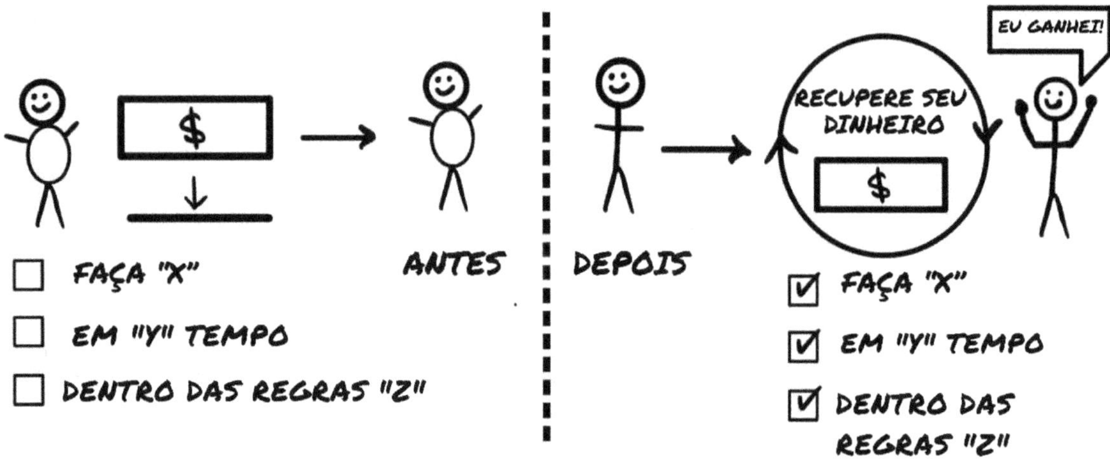

Junho de 2013.

Eu estava em uma sala cheia de donos de academias experientes, e eu era o novato. Todos nós nos revezamos para falar sobre o que estava dando certo. Foi então que Danny se manifestou.

"Sim... como vocês sabem, tenho tido dificuldades com as vendas... e acho que descobri a solução. Eu tinha um cliente pé-no-saco que não comprava *nada*. Ele sabia que precisava do produto, mas também dizia que precisava de mais incentivo ao resultado. Então, ficamos discutindo e, finalmente, ele teve uma ideia. Ele disse: *'Que tal isso: eu te dou US$ 500. Você me treina por oito semanas. E, se eu atingir minha meta, recebo meu dinheiro de volta. Mas, em troca, você pode usar meus resultados para divulgar seu negócio. Justo?'*"

"Então... o que aconteceu?", perguntei.

Danny respondeu: "Achei que ele não iria comprar mesmo, então vendi para ele."

"Ok, então o que aconteceu com o cara?"

"Ele atingiu o objetivo."

"Então você devolveu o dinheiro para ele?"

"É o que você pensa, mas ele acabou usando o dinheiro para comprar mais treinamento!"

"Parece razoável. E quanto a divulgar os resultados dele?"

"Cara, divulgar as fotos dele de antes e depois trouxe *treze* indicações!"

"Isso é loucura. Agora sim, estamos chegando a algum lugar."

"Sim, eu sei. Agora ofereço isso a todos. Os resultados são muito melhores e as pessoas adoram a oferta. E toda a publicidade gratuita que fazem para nós faz com que os seus amigos e familiares também se inscrevam. Estou ganhando mais dinheiro do que nunca."

***

Esta foi a primeira vez que vi uma oferta como esta. Fui fazendo atualizações ao longo do tempo, mas a essência permaneceu a mesma: *pague agora com a possibilidade de receber seu dinheiro de volta mais tarde*. Eu usei para treinamento individual, treinamento em grupo, aconselhamento nutricional individual e aconselhamento nutricional em grupo. Quando vi como funcionava bem com meus clientes atuais, comecei a incluir a oferta nos meus anúncios para novos clientes. Meu custo para conquistar clientes diminuiu *bastante* e meus leads dispararam!

Descrição

A oferta "Ganhe seu dinheiro de volta" funciona assim. *Você* define uma meta para o cliente *e* diz a ele como alcançá-la. Se ele alcançá-la, ele se qualifica para receber seu dinheiro de volta *ou* recebê-lo como crédito na loja.

Essa oferta fez minhas academias crescerem mais do que qualquer outra. Foi também a primeira oferta Grand Slam que a Gym Launch ensinou aos proprietários de academias. Ela oferece muita flexibilidade. Portanto, se você deseja obter mais dinheiro, conquistar mais clientes e proporcionar melhores resultados a eles, nada supera essa oferta.

Para "ganhar seu dinheiro de volta", a pessoa tem três opções: atingir resultados, tomar ações ou ambos. E para que isso funcione, você precisa tornar os resultados e as ações *fáceis* de acompanhar.

Resultados: aqui, independentemente do que fizerem, se o cliente obtiver o resultado, ele recupera dinheiro. Por exemplo: ganhar X dólares por mês, conseguir Y clientes, perder Z quilos, etc. *Basicamente, eles apostam na sua própria capacidade de atingir o objetivo.*

Ações: Aqui, você os responsabiliza por *realizar* ações em vez de *obter* resultados. Independentemente dos resultados obtidos, se o cliente fizer o que você pedir, ele receberá seu dinheiro de volta. Por exemplo: participar de todas as sessões, chamadas, reuniões, registrar o progresso, tirar fotos, fazer as tarefas atribuídas, etc. *Aqui, eles apostam na própria capacidade de seguir instruções.*

Ações *e* resultados: aqui, você responsabiliza os clientes por seguirem as instruções e obterem resultados. Se eles fizerem as duas coisas, ganham seu dinheiro de volta. Muitas vezes, as pessoas que desejam alcançar um objetivo têm poucas habilidades para fazer isso. Mesmo que apostassem em si mesmas, fracassariam. Ao definir uma boa meta para elas *e* mostrar como alcançá-la, elas têm uma chance de lutar. *Aqui, elas apostam em sua própria capacidade de seguir instruções e que as suas instruções vão trazer o resultado.*

Conclusão: os clientes pagam adiantado. Se cumprirem o que foi acordado OU obtiverem o resultado esperado OU *ambos, recebem o investimento de volta em dinheiro ou em crédito na loja.*

Exemplos

Oferta "Plano para o consumidor": Plano gratuito de 28 dias

Deposite X dólares e receba tudo de volta se você:

- ☐ Participar de todas as suas chamadas de consultoria.
- ☐ Publicar seu progresso no grupo uma vez por semana.
- ☐ Escrever diariamente no nosso aplicativo.
- ☐ Participar da sua sessão de feedback e da sua sessão de transformação.

(Dica: ligações e reuniões se tornam oportunidades para fazer mais ofertas.)

Oferta "Negócio para Negócio" Desafio gratuito de 5 clientes em 5 dias

Deposite X dólares e receba tudo de volta se você:

- ☐ Enviar 100 mensagens por dia.
- ☐ Relatar estatísticas sobre as mensagens enviadas.
- ☐ Participar do treinamento diário.
- ☐ Publicar as lições de casa concluídas no grupo.
- ☐ Participar da chamada de consultoria no dia 5.

(Dica: aqui você oferece mais, melhores ou novos produtos e serviços.)

Oferta de produto físico: rode 1.000.000 de milhas com seu carro e ganhe um carro grátis

Ganhe um carro grátis se você:

- ☐ Comprar um carro novo conosco.
- ☐ Dirigir o carro por 1.000.000 de milhas.
- ☐ Devolvê-lo.
- ☐ Tirar fotos e aparecer em um comunicado à imprensa.
- ☐ Nós creditaremos todo o valor original da sua compra no seu próximo carro.

(Esta foi uma oferta real.)

Observações importantes

Esta oferta gerou mais de US$ 1 bilhão em vendas em todo o setor. Ela funciona. Eu ganhei muito dinheiro com ela. Você também pode.

O "Ganhe seu dinheiro de volta" funciona com clientes novos, atuais *e* antigos. Gosto de usar com novos clientes porque oferece o maior desconto possível: 100%. Gosto de usar com clientes atuais porque mistura eles com novos clientes. E gosto de usar para recuperar clientes antigos porque incentivos maiores trazem eles de volta.

Funciona bem com coisas que as pessoas começam e... desistem. Como, por exemplo, começar um negócio, aprender novas habilidades, perder peso, entrar em forma, regimes de beleza, autocuidado, gerenciamento de tempo, gerenciamento de saúde mental, etc. Isso mantém a motivação durante as dificuldades iniciais do aprendizado. Até hoje, nunca vi uma maneira melhor de criar um programa para obter resultados — um verdadeiro ganho mútuo.

Não se preocupe. Esta oferta gera lucro. Se você devolvesse todo o dinheiro, esta oferta não geraria *lucro, mas ela gera*. Primeiro, muitos não atingem as metas, mesmo com condições realistas. Segundo, aqueles que atingem geralmente permanecem como clientes. Mas eles só podem continuar como clientes *se tiverem algo mais para comprar.* Portanto, tenha uma venda adicional pronta para aplicar seus ganhos (Seção III).

Ofereça a opção "Ganhe seu dinheiro de volta" apenas se você se sentir confortável em devolver o dinheiro! Reembolsos fazem parte dos negócios. No entanto, quando bem divulgada, a oferta "Ganhe seu dinheiro de volta" atrai muitos clientes extras. E quando você oferece uma ótima oferta de acompanhamento a clientes satisfeitos, *você consegue* *muito lucro.* Isso mais do que compensa os reembolsos. A partir dos dados que coletamos de milhares de academias, cerca de 10% de todos os clientes pedem seu dinheiro de volta. Se você não consegue aceitar isso, não faça essa oferta.

Ofereça crédito na loja em vez de dinheiro. Se você não quiser oferecer reembolso em dinheiro, pode oferecer crédito na loja. Meus testes mostraram que oferecer crédito na loja ou o dinheiro de volta atraiu o mesmo número de clientes. Portanto, você pode muito bem oferecer crédito. Mas, se ainda quiser anunciar isso como "grátis", combine-o com uma garantia de satisfação incondicional. Adicionar a garantia incondicional nunca afetou significativamente o número de pessoas que queriam seu dinheiro de volta. Verifique com um advogado na sua região.

Não fique com o dinheiro de alguém contrariado. Se alguém não quer que eu fique com o dinheiro dela, eu quero menos ainda. Como regra pessoal, se um cliente pedir um reembolso — com ou sem direito —, *eu dou.* Concentre-se apenas em conseguir o próximo cliente.

Como criar seus critérios da oferta "Ganhe seu dinheiro de volta". Esses critérios determinam o sucesso ou o fracasso dessa oferta. Bons critérios têm três características:

1) Fácil de acompanhar. Treine eles *exatamente no que precisam fazer* (ou eles vão estragar tudo). Pontos extras se já fizerem isso. Ex: os telefones já contam os passos. Os processadores de texto já contam o número de palavras. As câmeras datam automaticamente as fotos.

2) Obtenha resultados para os clientes. Estabeleça critérios que provavelmente vão proporcionar os resultados desejados. Critérios *realistas* são suficientes. Se você achar que os critérios parecem fáceis demais, provavelmente você chegou *perto* do realismo. Pode ser necessário algumas tentativas para acertar, mas isso acontece com qualquer coisa que vale a pena fazer. Ex: participar de reuniões, treinos, assistir a vídeos, etc. O que você quer que os melhores clientes façam para obter os melhores resultados, faça com que *todos* façam (e eles também terão ótimos resultados).

3) Divulgue o negócio. Torne a divulgação do negócio parte dos seus critérios. Por exemplo: postar sobre a participação deles, marcar nas redes sociais, indicar ou deixar avaliações e depoimentos.

Como aplicar o crédito da loja [IMPORTANTE]. Quando os clientes ganharem seu dinheiro de volta, ofereça aplicá-lo por um período mais longo ou em um pacote maior. Basta oferecer aplicá-lo em algo que custe mais do que os ganhos deles. Na minha experiência, isso mantém os clientes engajados e gera mais dinheiro para você. Veja como isso funciona:

- Você tem um produto ou serviço que custa US$ 200 por mês.
- Um cliente ganha US$ 600 em crédito. Evite dar a ele três meses grátis *antecipadamente*.
- Em vez disso, aplique os 600 dólares ao longo de 12 meses → (600 dólares/12 meses = 50 dólares/mês de desconto).
- Agora eles pagam: US$ 200 por mês com US$ 50 de desconto = US$ 150 por mês
- Para ser claro, eles podem usar o crédito como quiserem. Mas recomendo que você apresente isso primeiro. Se eles pedirem para usá-lo antecipadamente, você pode compartilhar minha experiência: as pessoas desistem se não pagam *nada*. Um desconto a longo prazo mantém o interesse delas a longo prazo. Portanto, é do interesse do cliente manter algum interesse no jogo.
- Detalhes aprofundados sobre esta oferta de venda adicional estão no capítulo Venda adicional com aproveitamento de crédito (Seção III).

Todas as reuniões e chamadas oferecem oportunidades para fazer mais ofertas. Sempre que possível, inclua reuniões de acompanhamento nos seus critérios de reembolso. E torne todas as reuniões obrigatórias para que eles possam receber o reembolso. Além de ajudá-los a ter sucesso, essas reuniões são as melhores oportunidades para fazer ofertas de vendas adicionais. Assim, após o acompanhamento, ofereça o que for mais adequado com base no feedback deles. A oferta "Ganhe seu dinheiro de volta" e minhas academias tinham três compromissos:

- Orientação nutricional → "Fotos do antes" → Faço uma oferta de suplementos.
- Verificação do progresso → Faço uma oferta de adesão.
- Feedback sobre a transformação → "Fotos do depois" → Faço a oferta de adesão novamente.
  - Se eles compraram a assinatura na última reunião, ofereço um desconto se pagarem antecipadamente por um ano.

Faça com que todos sejam vencedores. Promova e venda o programa como se eles só fossem obtê-lo se atendessem aos critérios. Mas, na metade do caminho, faça sua próxima oferta *como se eles já tivessem vencido*. Você diminui a ansiedade do cliente em relação ao fracasso *e* o mantém por mais tempo. Eles também vão gostar muito mais de você. Algo como:

Sei que você está tentando atingir essa meta de curto prazo, mas qual é a sua meta de longo prazo? ... Ok, que ótimo saber disso. Você entende que não se trata deste programa, mas dos seus resultados a longo prazo. Vou lhe dizer uma coisa: para mostrar o quanto quero que você alcance essa meta de longo prazo, vou creditar este programa no próximo, independentemente de você atingir a meta de curto prazo ou não. O que você acha?

No final do programa, deixe os "perdedores" ganharem. Se alguém recusar sua primeira oferta adicional *e* não conseguir completar o desafio, você *ainda* pode tentar novamente. Como? Aja como se eles tivessem vencido. Eu digo algo como:

Não se preocupe com isso. Você começou. Essa é a maior vitória de todas. E mesmo que você não tenha atingido sua meta de curto prazo, você atingiu a nossa, que era terminar o que começou. Para mostrar que estamos nisso a longo prazo, vamos creditar todo o seu depósito para que você continue conosco por muito tempo. Dessa forma, você recebe seu dinheiro de volta e ainda podemos atingir sua meta. O que você acha?

Você vai colocar um sorriso onde não tinha e eles vão adorar você por isso. Lembre-se: não conquistamos clientes para fazer uma venda, fazemos vendas para conquistar clientes.

A oferta "Ganhe seu dinheiro de volta" tem uma estrutura simples e bastante flexível. Basicamente, você oferece um produto ou serviço e uma maneira de os clientes receberem seu dinheiro de volta se realmente o utilizarem. Então, se eles o utilizarem da maneira que você sugere, obterão resultados satisfatórios e permanecerão abertos a mais ofertas e/ou compromissos de longo prazo.

Pontos resumidos

A oferta "Ganhe seu dinheiro de volta" é mágica para empresas que exigem que seus clientes se esforcem continuamente para obter o resultado ideal.

- A oferta "Ganhe seu dinheiro de volta" é excelente porque:
    - Você recebe muito dinheiro adiantado.
    - Você consegue mais clientes dispostos a aceitar, pois reduz o risco deles.
    - Você obtém resultados impressionantes para os clientes.
    - Você ganha mais clientes de longo prazo.
    - Eles divulgam sua oferta para que você conquiste ainda mais clientes.
- Incluir algumas reuniões nos termos da oferta oferece ótimas oportunidades para acompanhar seus clientes e fazer mais ofertas específicas para as necessidades deles.
- Todos pensam que as empresas ganham dinheiro com as pessoas que não conseguem cumprir o programa. Não. O dinheiro de verdade vem das pessoas que têm sucesso com

ele *e você tem algo mais a oferecer a elas.* Acredite em mim. Quanto mais resultados você entregar, mais dinheiro você ganhará. Pense adiante.

- Torne os critérios de reembolso fáceis de acompanhar, alinhados com os objetivos dos clientes e úteis para a empresa.
- Utilize a oferta "Ganhe seu dinheiro de volta" apenas se sua taxa de reembolso for inferior a 5%. Caso contrário, corrija seu produto antes de fazer isso. Você corre o risco de conceder muitos reembolsos.
- Use o crédito da loja para outra oferta, de preferência mais cara. Você quer que eles continuem sendo clientes... então dê a eles essa oportunidade. Você nunca quer que as pessoas parem de te pagar.
- Para aumentar as vendas e manter mais clientes, faça com que todos sejam vencedores em particular. Dessa forma, todos ficarão surpresos e gratos quando você fizer sua oferta de venda adicional.

PRESENTE DE GRAÇA: Treinamento em vídeo de ofertas "Ganhe seu dinheiro de volta"

Ganhei muito dinheiro com esta oferta e tenho mais detalhes e histórias que não consegui incluir no livro. Se você quiser saber mais, fiz um vídeo gratuito para você, sem necessidade de inscrição. Para assistir, basta acessar acquisition.com/training/money. Você também pode escanear o código QR se não gosta de digitar.

Sorteios

Muitos vão entrar... muitos vão ganhar.

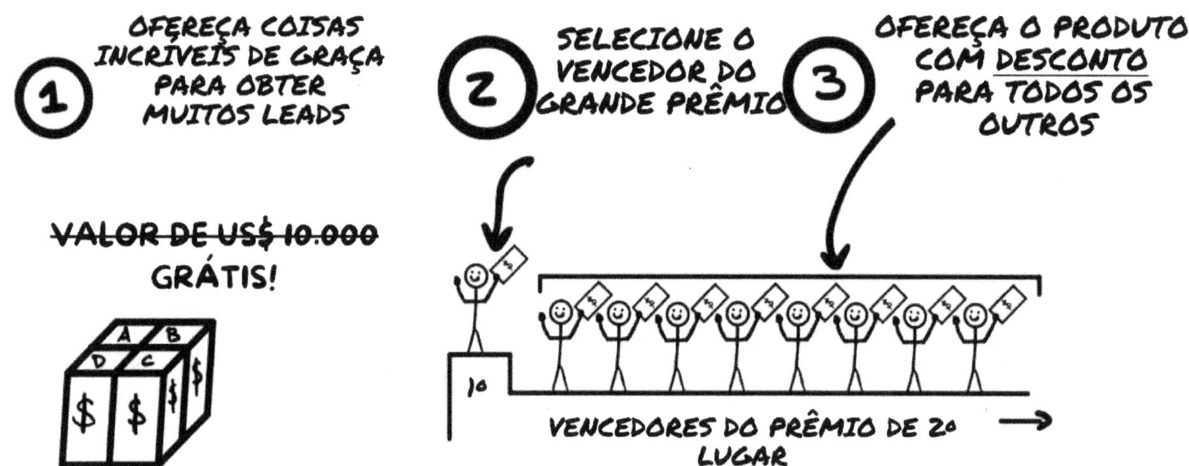

Isenção de responsabilidade: Sorteios e brindes são altamente regulamentados. Principal motivo: eles são excepcionalmente poderosos. E, quando feitos de maneira errada, podem se tornar loterias ilegais — não queremos isso. Prisão — nada bom. Certifique-se de seguir todas as leis locais de publicidade. Esta descrição não é, de forma alg4uma, uma garantia de legalidade. Não me responsabilizo por nada que você faça ou deixe de fazer como resultado da leitura deste capítulo. Ufa — ok — já esclarecemos isso.

Agosto de 2020.

Liguei para o proprietário de uma empresa de certificação fitness para conversar sobre o negócio. Em poucos minutos, ele me explicou como eles certificam entusiastas do fitness e os ajudam a encontrar clientes.

"Você tem um negócio interessante", eu disse. "Como você consegue clientes em potencial?"

"É bem simples. Anunciamos uma bolsa integral para todo o nosso programa. As pessoas se inscrevem com suas informações de contato e respondem a algumas perguntas. Perguntamos coisas como 'Por que devemos escolher você para a bolsa integral?'. A melhor resposta ganha a bolsa integral. Mas também fazemos algo mais..."

"Ótimo, continue...", eu disse.

"Nós concedemos bolsas parciais."

"Como assim? Como isso funciona?"

"Bem, muitas vezes temos um vencedor óbvio para a bolsa integral. Mas muitas pessoas têm histórias inspiradoras, então quero garantir que elas também recebam bolsas de estudo. Agora, só posso conceder *uma* bolsa integral, mas *posso conceder quantas bolsas parciais eu quiser*."

E então percebi.

"Aaahhh... Então, muitas pessoas se inscrevem para o 'grande prêmio' e apenas uma pessoa ganha. Mas os outros candidatos se qualificam para prêmios menores?"

"Exato. Então, eu dou grande destaque à pessoa que ganha a bolsa integral, mas depois ligo para todos os outros para informar que receberam uma bolsa parcial. Quando falo, eles ficam muito empolgados. A maioria já se inscreve no nosso programa na hora."

"Então, eles não sabem o preço real do seu produto quando atendem a ligação?"

"Não."

"Mas eles sabem o *valor* da bolsa integral e, quando você apresenta o preço com desconto do seu programa com a bolsa parcial, ainda assim é uma economia enorme."

"Exatamente."

"Então, você não só obtém muitos leads engajados, mas também mais clientes com seu 'desconto surpresa'? Genial."

"Funciona *muito bem*. Na verdade, temos que limitar o número de inscrições para garantir que possamos atender a todos os novos inscritos. Acredite ou não, ensinamos a mesma jogada aos treinadores que certificamos. Funciona tão bem para atrair clientes de fitness — às vezes até melhor."

"Adorei."

***

Ele apresentou isso como uma oferta educacional e como uma oferta de fitness. Mas é muito mais do que isso. Vou mostrar como usá-lo em *qualquer* negócio. Brindes gratuitos geram muitos leads que demonstram interesse no *seu produto mais caro*. O que poderia ser melhor?

Descrição

As ofertas de sorteios anunciam a chance de ganhar um grande prêmio em troca de informações de contato e qualquer outra informação que você desejar. Depois de escolher um vendedor, você oferece a todos os outros participantes o grande prêmio com um desconto. As ofertas de sorteios também são conhecidas por nomes como "bolsa de estudos", "brindes" e "rifas", etc. Todas elas significam "participe para ter a chance de ganhar". Para realizar uma oferta de sorteio, você deve:

- Escolher um grande prêmio.
- Escolher sua oferta promocional.
- Solicitar informações de contato e outros critérios de elegibilidade.
- Escolher quais ações você deseja que os participantes realizem para se qualificarem para o grande prêmio.
- Estabelecer um prazo para o sorteio para adicionar urgência.
- Anunciar o vencedor do Grande Prêmio e entrar em contato com todos os outros participantes.

Vamos examinar cada um deles com mais detalhes.

Escolha um grande prêmio. Faça com que o grande prêmio *seja algo que você deseja que todos comprem.* Certifique-se de atribuir um valor monetário ao seu grande prêmio para que ele sirva como referência de preço. Por exemplo, se você vende um produto no valor de US$ 5.000 por US$ 2.000, anuncie o valor de US$ 5.000!

Escolha sua oferta promocional. Sua oferta promocional substitui a "bolsa parcial" da história. Você a cria aprimorando sua oferta principal com um desconto, um bônus ou alterando-a ligeiramente em relação ao Grande Prêmio, a fim de justificar eticamente uma redução no preço (usando o Grande Prêmio como referência de preço). E quanto maior o desconto, mais atraente será a oferta. Portanto, quanto maior o valor que você atribui ao seu Grande Prêmio, melhor!

Lembre-se de que os leads participaram do sorteio porque acharam o grande prêmio interessante. Você obtém leads qualificados porque oferece com desconto algo *pelo qual* eles já *demonstraram interesse*. Chame sua oferta promocional — o que você vende para todos os outros — do jeito que quiser para o seu sorteio: bolsa de estudos, cartão-presente, desconto em dinheiro, crédito na loja, vouchers etc.

Peça informações de contato. Em troca da chance de ganhar, peça permissão para entrar em contato com eles da maneira que desejar para promoções futuras. Além disso, eu faço uma pesquisa sobre *a elegibilidade para* o prêmio e peço que eles realizem *ações qualificatórias.*

Elegibilidade. Pergunto se eles são ideais para os meus produtos. Por exemplo, *"Você tem uma clínica veterinária?"* ou perguntas mais baseadas no caráter/necessidade, como *"Por que você deveria ser selecionado?"*

Ações de qualificação. Outras coisas que os participantes fazem para se qualificarem para ganhar. Também uso isso para que eles promovam mais o meu sorteio ou demonstrem um maior interesse. Ex: participar de uma chamada ou evento, fazer uma publicação, entrar em um grupo, etc.

Estabeleça um prazo para o sorteio para aumentar a urgência. Defina uma data para o sorteio do grande prêmio. Torne seu sorteio mais **urgente**, disponibilizando-o apenas por um tempo limitado. Recomendo de três a sete dias a partir do dia em que você começar a promovê-lo. Assim que os leads entrarem no sorteio, atualize-os diariamente. Primeiro, informe-os quanto tempo falta até você anunciar o vencedor. Você pode fazer isso por e-mail, mensagens diretas, SMS, publicações nas redes sociais e assim por diante. Faça o máximo que for razoável. Uma vez por dia em todas as plataformas funciona bem. Em segundo lugar, ofereça valor junto com sua contagem regressiva. Mostre a todos os benefícios do grande prêmio, como eles devem estar animados e *indique a todos as provas sociais.* Mantenha o entusiasmo lá em cima!

Dica profissional: Sussurre – Provoque – Grite

Depois que as pessoas participarem do sorteio, pode ser útil pensar na contagem regressiva como um mini lançamento de produto. Portanto, confira o capítulo Afiliados e Parceiros de *Leads de US$100 milhões* para obter informações detalhadas sobre lançamentos.

Anuncie o vencedor do grande prêmio e comece a entrar em contato com todos os outros. Anuncie publicamente o vencedor do grande prêmio e, em seguida, envie uma mensagem privada a todos os outros que se qualificam para a sua oferta principal. O melhor é que *todos os outros se qualificam para a sua oferta promocional.* Notifique-os por SMS, e-mail e mensagens diretas. Nessa mensagem, peça para agendar uma ligação, pois eles se qualificaram para outra coisa. Se precisar de um motivo, basta dizer que achou as respostas/histórias deles tão interessantes que se sentiu na obrigação de dar algo a eles apenas por terem participado. Pense na sua oferta promocional como um "troféu de participação".

Para garantir que eles resgatem a oferta, adicione outro prazo. Faça com que a oferta promocional (bolsa de estudos, cartão-presente, desconto em dinheiro, crédito na loja, vouchers etc.) expire em sete dias. A segunda contagem regressiva funciona como a primeira: mostre os benefícios, mais provas sociais e mais coisas valiosas sobre a sua oferta. Dê a eles uma maneira de agendar uma ligação para resgatar a oferta promocional.

Explique o custo-benefício *usando o desconto deles.* Minha regra geral: faça com que o desconto da sua oferta principal seja igual a 10%–30% das suas margens brutas. Digamos que anunciamos um Grande Prêmio no valor de US$ 5.000 com um preço de varejo de US$ 2.000. Todos os outros podem adquirir por US$ 1.800 (um desconto de 10% sobre o preço de varejo). Quando informamos que eles se qualificaram *para algo,* explicamos que eles recebem o valor de US$ 5.000 por um preço de US$ 1.800. Ao comparar o valor do produto com o preço pago, um desconto de 10% se torna uma diferença de 64% no custo-benefício!

Conclusão: lembre-se de que todos que participaram do sorteio demonstraram interesse no seu produto. E se alguém demonstra interesse em algo que você tem a *oferecer, ofereça a essa pessoa.*

Exemplos de sorteios gratuitos

Oferta de dentista — Sorteio gratuito de um sorriso perfeito

Grande Prêmio: Um conjunto gratuito de aparelhos ortodônticos invisíveis — preço de varejo de US$ 6.000

Oferta promocional: Cartão-presente no valor de US$ 2.000 para aparelhos ortodônticos

Oferta de produtos físicos — Um ano grátis de ração orgânica para cães

Grande prêmio: um ano grátis de ração orgânica para cães — preço de varejo de US$ 1.000

Oferta promocional: cartão-presente no valor de US$ 300 para ração para cães, *válido apenas com assinatura de um ano*

Oferta de serviços — Brinde definitivo gratuito

Grande prêmio: pacote gratuito de 1 ano — preço de varejo de US$ 5.000

Oferta promocional: voucher de US$ 2.000 resgatável em contrato de serviço de 1 ano

Oferta de consultoria — Sorteio gratuito de 16 semanas de transformação

Grande prêmio: 16 semanas de transformação — preço de varejo de US$ 12.000

Oferta promocional: bolsa parcial de US$ 6.000

Observações importantes:

Consulte um advogado sobre como estruturar sua oferta. Não sou advogado, mas considero isso óbvio devido à maneira como gosto de fazer negócios: alguém precisa ganhar o grande prêmio. Deixe claro nas regras o que é o grande prêmio e os requisitos para ganhá-lo. Deixe claro que mais de uma pessoa pode ganhar um prêmio. Consulte seu advogado sobre o restante.

Critérios de elegibilidade conseguem mais clientes para comprar sua oferta principal. Mais pessoas aceitarão sua oferta principal se você puder tornar o valor *específico* para elas. Faço perguntas como estas para obter munição: Por que devemos escolher você? Por que este programa? Por que agora? Por que isso é importante para você? Qual é o seu objetivo? Etc.

Dito isto, quanto mais difícil for participar, menos pessoas participarão, mas mais qualificadas elas serão — *portanto, encontre o ponto ideal.*

Se o seu sorteio não funcionar, significa que o seu grande prêmio não era grande o suficiente.

Uma das empresas do meu portfólio realizou uma promoção. Eles mal conseguiram despertar interesse. O grande prêmio? Ingressos para o evento deles. Nada atraente. Eu disse a eles que *grandes* prêmios só funcionam se forem realmente grandes. Eles tentaram novamente com um pacote de equipamentos no valor de US$ 50.000 de um fornecedor conhecido do setor, *além* do produto principal deles por um ano. E, dessa vez, foi um sucesso (surpresa).

Quando você tem algo incrível para oferecer *e* o anuncia adequadamente, os leads aparecem em grande quantidade. E "sorteio" é bastante autoexplicativo. Portanto, se ninguém se interessar, sugiro que você ofereça algo melhor. Ou, pelo menos, melhor *para o público*.

Ofereça dois prêmios para obter **o dobro de leads.** Se você oferecer um prêmio, isso é bom. Mas se você oferecer dois grandes prêmios, poderá obter o dobro de leads (ou mais).

Veja como. Basta dizer a todos que, se alguém que eles indicarem ganhar o grande prêmio, eles também ganharão um. Dessa forma, eles conseguem "inscrições" infinitas no concurso por indicarem seus amigos. Isso faz com que mais pessoas indiquem outras (e trabalhem juntas). Isso também oferece um benefício indireto. Quem indica se empenha no sucesso de suas indicações. Isso mantém a qualidade alta. Aqui está um exemplo que fiz para o Skool.com, uma plataforma da qual sou sócio proprietário para que as pessoas criem e monetizem comunidades.

Watch (27) ···

Indique um vencedor e você também ganha

Muitos de vocês estão convidando amigos para jogar com vocês. E esse é o objetivo. Tornar os negócios divertidos. Para incentivar ainda mais isso, estamos adicionando um novo incentivo.
→Se uma pessoa que você indicar ficar entre os 10 primeiros, VOCÊ TAMBÉM GANHA. Ou seja, se eles ganharem, você ganha.

Além disso, um lembrete: qualquer pessoa que você indicar para a Skool lhe renderá uma comissão vitalícia de 40%.

Todo mundo vai acabar vindo para a Skool. E as pessoas só podem ser indicadas uma vez. Como vocês estão começando cedo, têm uma oportunidade maior de indicar pessoas. Por isso, recomendo que as indiquem antes que outra pessoa faça isso (ou que elas venham por conta própria).

Imagine indicar todos os seus amigos para o Facebook antes que todos estivessem nele. É tipo isso, mas mais legal, porque você está realmente os ajudando a aprender e crescer (e ganhando uma comissão também).

Para indicar alguém, compartilhe seu link de indicação aqui.
(https://www.skool.com/games/affiliates)

PS - Você terá mais chances de ganhar os jogos se as pessoas que você indicar já tiverem um público para dar um impulso imediato ao grupo delas.

Escassez, escassez, escassez. Limite sua oferta por tempo, número de inscrições ou ambos. Você pode realizar ofertas por um período específico (por exemplo, sete dias), um número específico de inscrições (por exemplo, 5.000 inscrições) ou ambos. Eu gosto dos dois. Eu combino o número de pessoas que deixo participar da oferta com o número de pessoas com quem tenho tempo e recursos para me conectar em sete dias. Mais do que isso seria um desperdício.

Urgência, urgência, urgência. Eu acrescento urgência em três pontos: para participar, para reivindicar, para usar. Deixe claro nos anúncios quanto tempo eles têm para participar. Depois de anunciar o(s) vencedor(es), informe quanto tempo eles têm para reivindicar o prêmio. Quando fizerem isso, agende uma ligação para o mesmo dia ou para o dia seguinte (se possível). Depois de informar às pessoas o que ganharam, diga-lhes quanto tempo têm para usar o prêmio. Prefiro horas, mas já cheguei a cinco dias. Resumindo, *tenha sempre prazos.*

Tenha ofertas alternativas disponíveis. Algumas pessoas não vão ou não podem comprar sua oferta promocional, mesmo com o desconto ou bônus. E tudo bem. Veja como eu lido com isso: no início da ligação, informe que eles se qualificaram para dois prêmios. E que você os ajudará a encontrar a opção mais adequada para eles. Em seguida, apresente primeiro sua oferta promocional, ou seja, o desconto no Grande Prêmio. Se eles aceitarem, ótimo. Caso contrário, ofereça o mesmo desconto percentual em qualquer outro produto que você tenha e que seja adequado para eles.

Se você tem um negócio com receita recorrente. Aplique o desconto deles pelo período mais longo que eles concordarem. Em seguida, configure a assinatura mensal deles para ser cobrada automaticamente com as taxas normais após o término do período de desconto.

Pontos resumidos

- Em essência, as ofertas de sorteios pedem ao público que se inscreva para obter algo de alto valor gratuitamente. Muitos se inscreverão, mas apenas um ganhará. Os demais se qualificarão para descontos em sua oferta principal.
- Escolha um grande prêmio que as pessoas queiram.
- Ofereça dois prêmios se quiser que mais pessoas indiquem outras pessoas. Informe que, se alguém que elas indicarem ganhar, elas ganharão o outro prêmio.
- Ofereça a chance de ganhar o Grande Prêmio a todos que se inscreverem *e* se qualificarem.
- Você pode obter ótimas informações de cada lead, pois pode incluí-las no processo de inscrição. Obtenha informações que indiquem como sua oferta irá agregar valor a eles. Isso se torna importante para fazer ofertas depois.
- Anuncie sua oferta por sete dias ou até que o número de leads ultrapasse o número de pessoas que você consegue ligar em sete dias, o que ocorrer primeiro.
- Marque encontros com todas as outras pessoas para reivindicar sua oferta promocional. Use qualquer "motivo" que lhe pareça adequado.

- Estabelecer uma data de validade para as pessoas resgatarem seus prêmios aumenta a probabilidade de que elas façam isso.
- Se alguém recusar sua oferta principal, tenha outro produto ou serviço para oferecer com desconto.

Ele pode ser mais adequado para o seu lead.

PRESENTE DE GRAÇA: Treinamento bônus sobre SORTEIOS

Os sorteios são uma das ofertas mais atraentes do mundo. São tão bons que precisam ser regulamentados. Quer dizer, quem não quer algo "de graça", certo? Eu fiz um vídeo de treinamento gratuito que aborda o assunto em profundidade. Se você gosta tanto disso quanto eu, pode conferir em acquisition.com/training/money. Como sempre, você também pode escanear o código QR se não gosta de digitar. Aproveite.

Oferta isca

Qual deles você acha que lhe trará os melhores resultados?

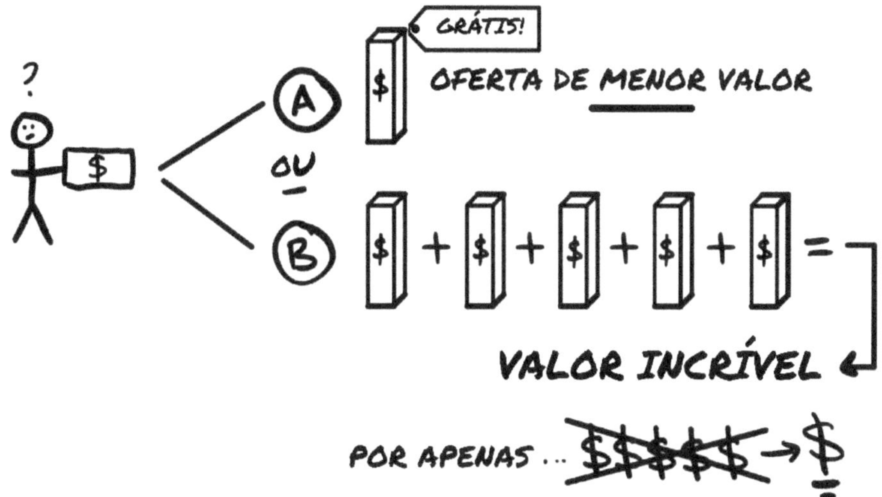

Junho de 2014.

John, outro mentor antigo, se aposentou cedo. Ele passou a aposentadoria criando suas filhas, jogando golfe e curtindo sua casa no lago. Ele era um homem que tinha vivido.

De vez em quando, ele me convidava para ir à sua casa no lago. E nessas longas viagens de carro, ele me ensinava coisas sobre a vida e os negócios que eu uso até hoje. Tipo a diferença entre preço e valor. Os prós e contras das ofertas de baixo custo. Modelos de negócios de alto volume e baixo preço. Diferenças entre assinaturas recorrentes e transações únicas. E a arte de manter as coisas *simples* nos negócios e na vida.

John era uma ótima companhia. Muitas vezes desejei que pudéssemos dirigir para sempre, para que eu pudesse absorver tudo. Para ele, isso era apenas mais uma história para passar o tempo. Mas para mim, foi uma lição que nunca esquecerei:

O passe VIP de bronzeamento de 5 dias por US$ 5,00.

"Veja bem, a beleza do Passe de 5 Dias é que todos acham que podem ficar bronzeados em cinco dias. E eles podem. Mas nunca ficam tão bronzeados quanto gostariam. E se tentarem "acelerar as coisas", vão se queimar. Então, quando alguém chega com um passe, perguntamos o quanto querem se bronzear. Assim que dizem que querem ficar alguns tons mais escuros, fazemos o 'discurso do peru'."

"O que é esse 'discurso do peru'?", perguntei.

John sorriu e continuou. "Digamos que um peru de Ação de Graças leve três horas para assar. Todos sabemos o que acontece se você dobrar a temperatura para assá-lo na metade do tempo: você o queima! São necessárias pelo menos cinco a dez sessões para obter a cor desejada *sem queimar*. E como eles precisam esperar um tempo entre as sessões, sempre leva mais de cinco dias. Quando eles percebem isso, dizemos:

"Vamos simplesmente creditar seu passe VIP no seu primeiro mês. Por que comprar tantos passes diários de US$ 25,00 quando os membros têm acesso ilimitado por apenas US$ 19,99?"

"Eles imediatamente percebem o valor e aceitam a assinatura. É simples assim."

Cinco anos depois...

"Ei, chefe, temos um problema."

Oh, céus... "O que que deu?", perguntei.

"Nossos leads de fitness ficaram muito caros. Os caras que sabem vender ainda estão conseguindo, mas a maioria deles mal consegue cobrir os custos."

"Caramba, então finalmente aconteceu", eu disse. Pressionei as mãos contra a testa. Eu sabia que isso iria acontecer. E na verdade eu estava com medo disso.

Tentei durante semanas dar uma "reviravolta" à nossa oferta anterior. Uma novidade ou um toque interessante nos daria mais tempo, mas os nossos testes até agora não tiveram sucesso. *Droga.*

"Você tem mais alguma oferta na manga?", ele perguntou.

Quebrei a cabeça e então me lembrei do passe VIP de bronzeamento artificial por US$ 5,00. *Isso poderia funcionar.* "Por que não oferecemos algo super barato para conseguir os leads, mas quando eles vierem, fazemos uma oferta incrível que custa mais, mas é 100 vezes melhor? Eles ainda podem escolher a opção barata, mas explicaremos que obterão resultados muito melhores com responsabilidade extra, nutrição, etc."

"Sim, posso fazer algo assim."

Algumas semanas depois...

"Alex, acho que descobrimos a solução."

"Ótimo! Explique-me como funciona."

"Então, oferecemos duas opções. A primeira opção é gratuita. Eu dou uma sessão por semana. A segunda opção é uma versão "Ultimate" por US$ 399,00. Ela inclui sessões ilimitadas, coaching individual, conteúdo mais personalizado e a garantia de que eles obterão resultados ou repetirão o programa gratuitamente..."

"Nossa... essa garantia é *sólida*. Qual é a taxa de aceitação?"

"Cerca de oito em cada dez pessoas optam pela opção de US$ 399,00. Estamos arrasando."

"Ótimo, vamos expandir!"

***

John era um vendedor brilhante e um professor paciente. Sua filosofia de *dar aos clientes o que eles querem agora, para que você possa dar-lhes o que eles precisam mais tarde*, moldou muitas das maneiras como faço negócios. Ele também inspirou a oferta que salvou minha academia. Mas a coisa mais valiosa que aprendi com ele foi: "Você precisa saber o que traz resultados para os clientes melhor do que eles mesmos. Isso torna nossa oferta premium a solução óbvia." E tornar nossa oferta premium a solução óbvia é o objetivo das ofertas isca.

Descrição

As ofertas isca anunciam algo gratuito ou com desconto. Então, quando os leads pedem para saber mais, você *também* apresenta uma oferta premium mais valiosa. A oferta premium oferece mais recursos, benefícios, bônus, garantias e assim por diante. Ao colocar suas ofertas isca e ofertas premium lado a lado, os leads podem ver o quanto sua oferta premium é mais valiosa. Gosto das ofertas isca porque elas atraem mais clientes em geral. Eles escolhem a versão isca ou a versão premium. Se escolherem a premium, ótimo. Se escolherem a isca, também ótimo. Isso te dá tempo para atualizá-los, em vez de perdê-los. Mas, de qualquer forma, você pode fechar negócio com todos. Isso torna barato e lucrativo conquistar novos clientes. E *qualquer* empresa pode usar isso.

Aqui estão os passos para fazer uma oferta isca:

1) Anuncie uma versão menor, mais simples ou com menos recursos da sua oferta premium como isca.
2) Quando os leads se interessarem, ofereça as duas opções, mas enfatize a premium.

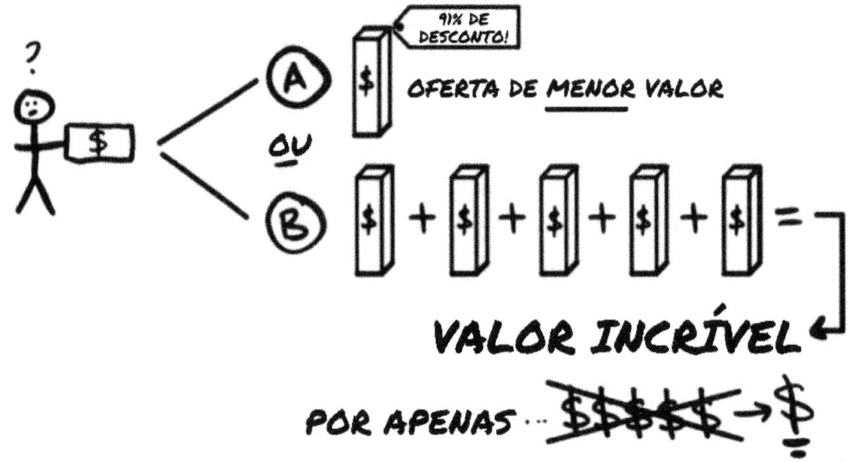

Exemplos

Oferta de barraca de limonada (produtos físicos)

Oferta de atração: "Semana gratuita de limonada" **OU** "Semana de limonada por US$ 1".

Opção isca: "Você pode ter esta água + limão em pó + xarope de milho" Ou...

Opção Premium: "Limões italianos orgânicos, totalmente naturais, veganos, sem glúten, importados, processados a frio e entregues diretamente na sua porta. Você nunca mais precisará perder tempo indo até a loja. Você vai se sentir como um filhote de labrador correndo atrás de borboletas o dia inteiro. Também vem com outros sabores, como nossa limonada espumante com água de rosas."

Centro de tanques de flutuação (Serviço)

Oferta de atração: "Alívio do estresse gratuito por 6 semanas" **OU** "Alívio do estresse por US$ 6, por 6 semanas".

Opção isca: Uma flutuação por mês com exercícios de alívio do estresse para fazer em casa.

Opção Premium: Duas vezes por semana durante 6 semanas, consultoria individualizada, diário, rotina de sono. Satisfação garantida.

Oferta de academia (empresa local)

Oferta de atração: "Transformação gratuita em 21 dias" **OU** "Transformação em 21 dias por US$ 21".

Opção isca: Treinos realizados em um grupo do Skool.com uma vez por dia. Um plano nutricional geral. É possível assistir às gravações. Sem suporte. Sem garantia.

Opção Premium: Treinos ilimitados, plano nutricional personalizado, acompanhamento individual, resultados garantidos (ou você ganha mais 21 dias grátis).

Observações importantes

Como fazer sua oferta isca. Ofereça menos componentes, modelos mais antigos ou menos versões personalizadas da sua oferta premium. Além disso, remova todas as garantias. Sua oferta de atração só precisa atrair leads. Nada mais.

Anuncie os benefícios, não as características. Queremos vendê-los com base no resultado dos sonhos. Anunciamos uma *transformação* em 21 dias, não treinos e planos alimentares. Os leads obtêm detalhes específicos do produto na apresentação de vendas, *não* na publicidade! Jatos particulares e barcos a remos podem levá-lo a uma ilha exótica, mas a opção premium é certamente mais agradável.

Você pode anunciar descontos de quatro maneiras. Digamos que você tenha um plano anual que custa US$ 100 por mês. Se você quiser que eles paguem US$ 900 por ano, você pode dizer:

1) Desconto percentual: 25% de desconto
2) Valor absoluto: US$ 300 de desconto
3) Parte gratuita: 3 meses grátis
4) Pacote total: um ano por US$ 900 (~~US$ 1.200~~)

Todas elas significam a mesma coisa. Vale a pena testar para ver qual delas converte melhor no seu mercado.

Crie um grande contraste. O valor da opção premium vem das enormes diferenças em relação à opção isca. Portanto, torne a opção isca a mais básica possível. Em seguida, torne a opção premium o mais incrível possível. Quanto maior o contraste, *melhor será a oferta* e mais clientes a aceitarão.

As ofertas com desconto têm taxas de comparecimento mais altas do que as ofertas gratuitas. Na minha experiência, se você fizer uma oferta de atração gratuita, obterá mais leads. Se fizer uma oferta com desconto, obterá menos leads, mas uma porcentagem maior comparecerá. Portanto, se você tem baixas taxas de comparecimento aos encontros, experimente uma oferta com desconto. Isso é especialmente importante para empresas em que o custo do não comparecimento de alguém é alto (por exemplo, médicos, advogados, dentistas etc.).

Se possível, apresente primeiro a oferta premium. Em um mundo perfeito, eles aceitam a oferta premium imediatamente. A oferta isca fica na sua manga. Se eles vierem especificamente pedindo a opção isca logo de cara...

Faça com que eles te deem permissão para vender para eles. Se eles pedirem para saber mais sobre sua oferta isca, você é legalmente obrigado a apresentá-la, ou se preferir apresentar ela primeiro, é desse jeito que eu gosto de fazer:

Faça uma pergunta simples: *"Você está aqui por coisas grátis ou por resultados duradouros?"*

E assim que eles responderem "resultados", como a maioria das pessoas faz, passe para sua oferta premium.

Se eles disserem "coisas grátis", apresente a oferta isca e, em seguida, compare-a imediatamente com a sua oferta premium. Só depois de apresentar as duas, pergunte: *"qual você acha que vai te levar ao seu objetivo mais rápido?"* ou *"o que você prefere: XXX com benefício menos valioso ou YYY como benefícios mais valiosos como 1, 2, 3...?"* Nesse ponto, eles vão ter que escolher a oferta premium. Então você pode seguir em frente com a venda, concordando mutuamente que é a melhor opção para eles.

Ao fazer sua oferta premium, *demonstre entusiasmo*. Apresente-a como superior à oferta isca, porque ela é. E, supondo que seja, explique como ela se adapta melhor ao cliente. Seu entusiasmo motiva as pessoas a escolherem as opções que lhes proporcionarão mais valor.

Do ponto de vista da venda, você deve falar com o cliente potencial como se já soubesse que ele aceitará sua oferta. Muitos vendedores se referem a isso como um "fechamento presumido". Você age a partir da seguinte posição: *isso é o que todo mundo faz. É apenas uma formalidade. Deixe-me pegar sua identidade e seu cartão de crédito para que você possa obter seu valor.* Sem exageros. Apenas uma disposição amigável. Quase entediado com a regularidade com que as pessoas compram.

Benefício surpresa (opcional). Para ir um pouco mais além, se alguém escolher a opção isca, você pode optar por surpreendê-lo com alguns recursos de baixo custo ou sem custo da sua oferta premium. Basta dizer algo como "eu vou incluir isso, mesmo que faça parte da nossa oferta premium, só porque eu quero que você obtenha ótimos resultados". Isso cria boa vontade, supera as expectativas e aumenta a chance de eles aceitarem suas vendas adicionais mais tarde. Lembre-se: eles ainda são leads!

Pontos resumidos

- As ofertas isca anunciam algo gratuito ou com desconto. Então, quando os leads pedem para saber mais, você *também* apresenta uma oferta premium mais valiosa.
- Torne a opção premium *muito* mais valiosa do que a opção isca, adicionando mais recursos, benefícios, bônus e garantias.
- Simplifique sua oferta isca o máximo possível.
- Quando os leads perguntarem sobre sua oferta isca, apresente sua oferta premium logo ao lado dela.
- Pergunte *"você está aqui por coisas gratuitas ou resultados duradouros?"* para obter permissão para oferecer a oferta premium primeiro.
- Você ainda pode ganhar dinheiro com os leads que escolhem a opção isca. Você aprenderá a melhor maneira de entregar seu produto isca *e* maximizar as vendas adicionais a partir dele.
- Espere ganhar dinheiro rapidamente. Se isso não acontecer, aumente o contraste entre as ofertas.

PRESENTE DE GRAÇA [sem necessidade de inscrição]: Treinamento sobre ofertas isca

As ofertas isca são uma das ofertas mais flexíveis para atrair clientes. Você só precisa saber mais sobre o problema do seu cliente do que ele mesmo. Elas também são fáceis de ensinar às pessoas para vender. Eu já as utilizei em vários setores diferentes. Se você quiser se aprofundar no assunto, fiz um vídeo completo com todas as informações para você. Você pode conferi-lo em acquisition.com/training/money. Como sempre, você também pode escanear o código QR se não gosta de digitar.

Compre X e ganhe Y grátis

Compre um cachorrinho e ganhe dois grátis!

COMPRE X E GANHE Y GRÁTIS!

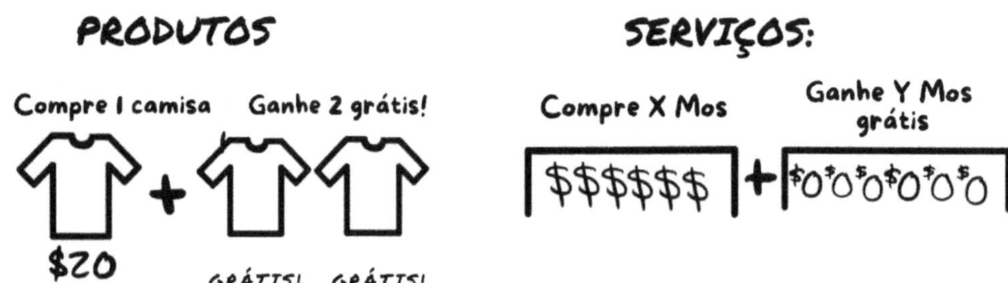

Centro de Nashville 2020.

Os bares e lojas deste popular destino turístico abriam e fechavam constantemente, mas uma loja reinava suprema: *a Boot Factory* (Fábrica de Botas). O seu letreiro néon destacava-se na confusão visual da rua como uma faca quente na manteiga. Uma bota de cowboy maior do que o meu carro me direcionava para a porta da frente. Não havia dúvidas sobre o que eles queriam que eu fizesse. Por isso, obedeci. E, à medida que me aproximava, consegui perceber a sua oferta:

COMPRE 1 PAR E GANHE DOIS PARES GRÁTIS

Já fazia uma década desde a última vez que eu estive em Nashville. Mas eu me lembrava da placa e da oferta compre um e ganhe dois como se fosse ontem. Quando era novo e frequentava bares, achava a oferta idiota. “Como eles podiam dar tanta coisa e continuar no mercado?” Mas agora, com alguma experiência em fazer ofertas, eu conseguia apreciar aquilo.

Fui direto para a seção masculina e peguei um par de botas. Curiosamente, o preço estava com dois descontos — uma "oferta final" de US$ 600 pelo par. Mas eram botas com aparência normal? A minha versão mais nova teria zombado. Mas a minha versão empresário percebeu que tinha deixado algo passar. A loja estava muito maior desde a última vez que a vi, então a oferta claramente funcionou. Aí tudo fez sentido.

Eles cobraram três vezes o preço por um único par de botas porque elas vinham com mais dois pares. Então, em vez de dizer "venha à *Boot Factory* e compre botas a um preço justo", eles conseguiram criar uma oferta gratuita! Mesmo nos poucos minutos em que visitei a loja, várias meninas solteiras entraram para comprar botas combinando. E como a *Boot Factory* ficava no meio de uma rua cheia de bares com tema cowboy, isso acontecia com frequência. Era *brilhante*.

Descrição

Nas ofertas compre X ganhe Y grátis, quando os clientes compram algo, recebem outros produtos gratuitamente. Quanto mais produtos gratuitos receberem e quanto maior for o seu valor, melhor funciona. As ofertas gratuitas recebem *muito* mais atenção do que as ofertas com desconto. Mas se você tiver apenas um produto para vender e o distribuir gratuitamente, *ficará sem lucro.* Em situações como essa, as empresas tendem a recorrer aos descontos. Elas realizam "promoções" com base em feriados, mudanças sazonais ou qualquer outro motivo para reduzir *temporariamente* os preços e atrair mais clientes.

Mas, ao vender mais de um item de uma vez, você pode transformar ofertas com desconto em *ofertas gratuitas* ainda mais atraentes. Quando você tem mais de um item, pode aumentar o valor do desconto para cobrir o preço de mais produtos. Por exemplo, eu poderia vender três camisetas por US$ 10 cada, por um total de US$ 30, *ou* poderia vender uma camiseta por US$ 30 e dar duas de graça. É o mesmo preço, mas *com muito mais produtos grátis!*

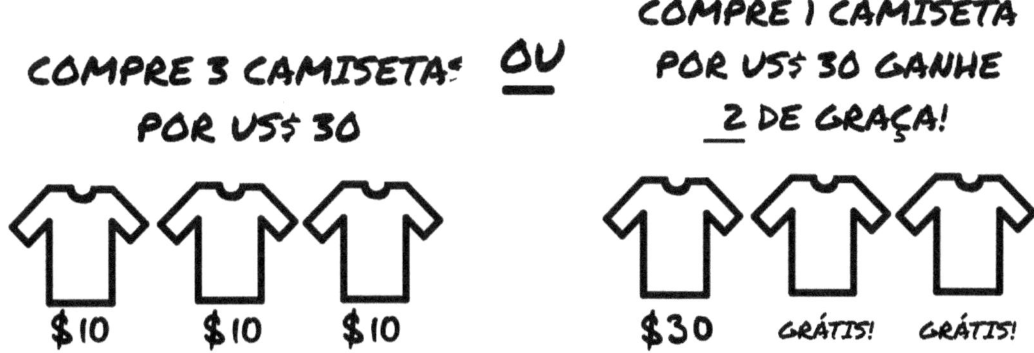

E se eu quisesse oferecer um desconto (em vez de *apenas* reformular o preço), poderia fazer isso. Eu poderia vender três camisetas por US$ 6,67 cada, totalizando US$ 20 (desconto de 33%), *ou*, mantendo o mesmo desconto, poderia vender uma camiseta por US$ 20 e dar duas de graça. É o mesmo preço, mas *com muito mais brindes!*

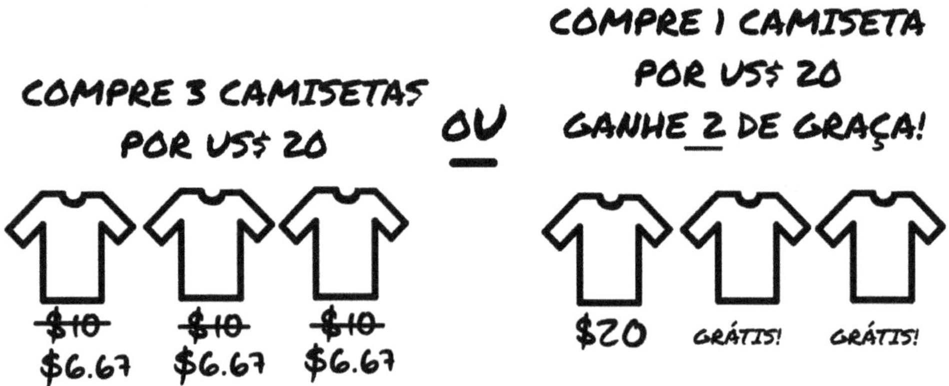

A Boot Factory escolheu a primeira opção. Eles triplicaram o preço de um par de botas e agregaram valor... em mais botas. E um par de botas caro com dois pares grátis atrai mais clientes para *a Boot Factory* do que vender um par a um preço justo. Além disso, se você puder incluir *algo grátis*, isso atrai ainda mais clientes.

Exemplos

Compre 1 e ganhe 2 grátis Oferta de produtos físicos: (Oferta da Boot Factory)

- Um par de botas: US$ 200
- Oferta Compre X e ganhe Y grátis: Compre um par por US$ 600 e ganhe dois pares grátis
- Resultado final: eles ainda compram três pares de botas de US$ 200, totalizando US$ 600

3 versões: 18 meses de serviços, também conhecidos como "3 pares de botas"

- Bom: *"Compre 12 meses e ganhe 6 meses grátis"* - US$ 1.800
- Melhor: *"Compre 9 meses e ganhe 9 meses grátis"* - US$ 1.800
- Melhor de todos: *"Compre 6 meses e ganhe 12 meses grátis"* - US$ 1.800

Todos pagam o mesmo preço pelo mesmo serviço. Mas a terceira opção é a mais atraente. (Dica: é a que oferece mais coisas gratuitas!)

Observações importantes

Compre X e ganhe Y grátis faz com que as pessoas comprem mais *e* oferece mais valor. Antes, algumas das minhas empresas de serviços levavam um ano inteiro para lucrar. Mas a oferta "Compre 6 meses e ganhe 6 meses grátis" atraiu *muito* mais clientes do que a oferta original mensal. Melhor ainda, eles receberam o pagamento adiantado!

Aumente os preços antes de oferecer produtos gratuitos para preservar os lucros. Se você usar isso para atrair clientes, vai funcionar. E como vai funcionar, você precisa ganhar dinheiro. Portanto, aumente *permanentemente* os preços para encaixar o desconto. Não minta. Aumente realmente os seus preços. Como é isso que atrairá todos os novos clientes, faz sentido alterá-los, pelo menos durante uma temporada. Além disso, muitas pessoas ainda podem aceitar os seus preços duplicados e quebrar as suas crenças limitantes em relação aos preços. De nada.

Compre X e ganhe Y grátis funciona melhor se você tiver mais produtos gratuitos do que pagos.

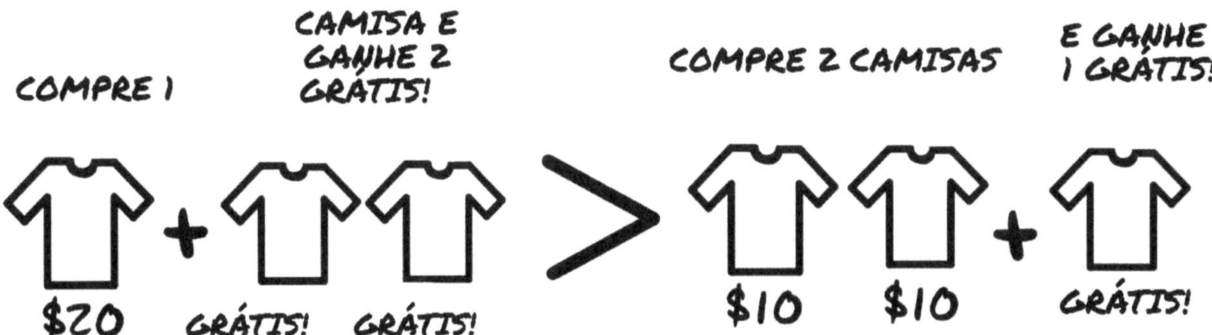

Veja o segundo exemplo. Compre dez e ganhe dois grátis não é tão forte quanto compre dois e ganhe dez grátis. Isso parece óbvio, mas, novamente, as pessoas não fazem isso. Para que funcione melhor, dê mais de graça do que você pede para elas comprarem. Basta brincar com os preços até que faça sentido para você. "Compre um e ganhe dois" em vez de "compre dois e ganhe um".

Os itens gratuitos podem ser diferentes dos itens pagos.

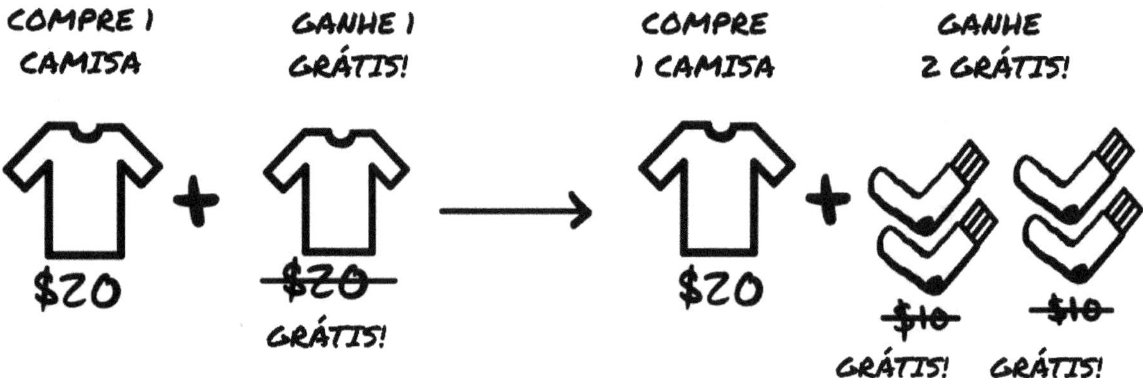

Quando as pessoas começam a fazer ofertas como essa, elas combinam os itens gratuitos com os pagos. Mas você pode misturar e combinar o que quiser. Apenas certifique-se de que o valor dos *diferentes* itens gratuitos ainda torne a oferta atraente. Exemplo: digamos que as meias tenham um valor de US$ 10. Se comprarem uma camisa por

US$ 10, mas ganham US$ 20 em meias gratuitas, pode parecer um negócio melhor.

Mais itens gratuitos e mais baratos podem funcionar melhor do que menos itens gratuitos e mais caros.

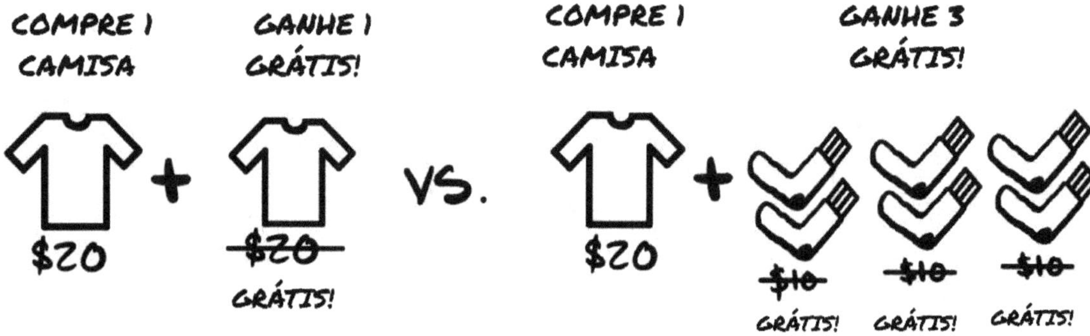

Revisitando o exemplo da camiseta. Digamos que eu só pudesse dar uma camiseta de graça, mas, pelo mesmo custo, pudesse dar três pares de meias. Provavelmente testaria "Compre 1 camiseta e ganhe 1 camiseta grátis" contra "Compre 1 camiseta e ganhe 3 meias grátis". As meias custam menos do que uma camiseta, mas as pessoas ainda veem "compre uma coisa e ganhe três coisas grátis". Às vezes, *mais* coisas baratas funcionam melhor do que *menos* coisas caras.

Em vez de oferecer um desconto de 33%, experimente comprar um e ganhar dois.

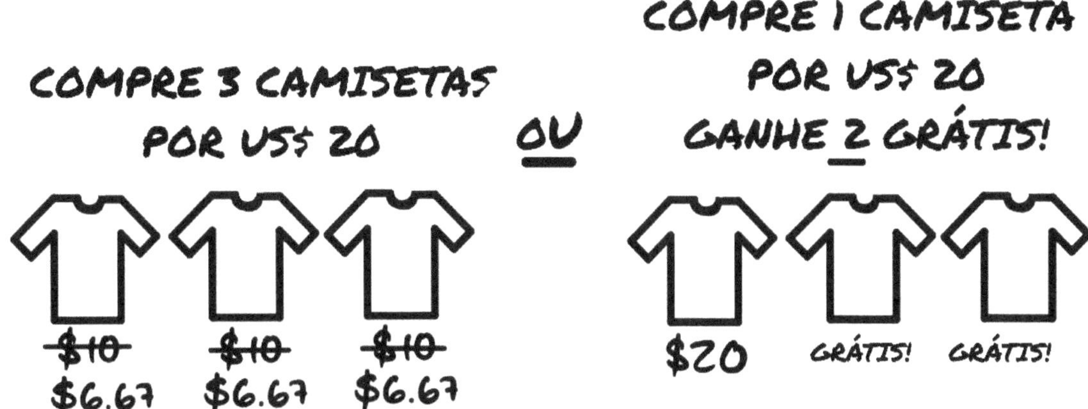

Embora possa ser estruturado para alcançar o mesmo objetivo, o gratuito desperta mais interesse do que um desconto. Mais pessoas conhecem o valor do *gratuito* do que o valor de uma camiseta. Por exemplo, em vez de vender camisetas de US$ 10 por US$ 6,67 cada (33% de desconto), você pode despertar mais interesse (e ganhar mais dinheiro) oferecendo "compre uma camiseta por US$ 20 e ganhe duas grátis". Teste isso.

Não faça ofertas como essa se você não souber administrar dinheiro. Embora as ofertas do tipo "Compre X e ganhe Y grátis" gerem um fluxo de caixa enorme para uma empresa, você precisa cumprir o que promete. Portanto, se você receber em um mês o valor equivalente a um ano inteiro de pagamentos, *certifique-se de que poderá cumprir* com o que prometeu durante todo o ano. Faça um orçamento com a quantia correta para atender seus clientes durante toda a vigência do contrato. Não seja imprudente e compre uma casa com o dinheiro destinado a atender seus clientes. Vender coisas que você não pode entregar é ilegal e *arruína* sua reputação. Cumpra suas promessas.

Faça esta oferta aos clientes existentes para obter dinheiro rápido. Se você já tem um negócio recorrente e precisa de dinheiro rápido, pode fazer esta oferta aos clientes que você já tem. Muitos ficarão felizes em "comprar dez e ganhar dois grátis", mesmo pelo preço atual. Basta limitar a oferta a 10% dos seus clientes. Isso lhe dará um bom fluxo de caixa *e* manterá o fluxo de caixa recorrente saudável.

Não se preocupe. Os clientes pré-pagos continuam comprando coisas. Portanto, continue vendendo para eles. Muitas pessoas não querem fazer mais ofertas para clientes que pagam antecipadamente pelas coisas. Isso é um erro. Falando por experiência própria, essas são as pessoas que gastam mais dinheiro. Faça outras ofertas para eles comprarem, e eles comprarão. Afinal, eles puderam te pagar antecipadamente há meses. Suas carteiras foram "atualizadas" com dinheiro que está louco para entrar no seu bolso. Não fique no caminho atrapalhando!

Se os clientes compram apenas uma vez, faça com que comprem em grande quantidade. A *Boot Factory* da minha história atendia turistas que queriam se integrar aos bares cowboys locais. Isso significa que a maioria dos seus clientes fazia *uma única* compra. Nunca mais. Por esse motivo, faz sentido fazer com que essa compra seja a maior possível. Basta oferecer o valor necessário para isso. Se você tem apenas uma chance, é melhor aproveitá-la ao máximo!

Pontos resumidos

- Nas ofertas compre X e ganhe Y grátis, quando os clientes compram algo, eles ganham outras coisas de graça.
- Compre X e ganhe Y grátis funciona para produtos que faz sentido comprar em maior quantidade ou ter acesso por mais tempo.
- A oferta básica Compre X e ganhe Y grátis reformula os preços. Compre 1 e ganhe 2 grátis custa o mesmo que comprar 3... exceto que os clientes veem a oferta gratuita como mais valiosa. (Exemplo de 18 meses de serviço)
- Sempre tente oferecer mais coisas gratuitas do que pagas.
- Você pode combinar diferentes itens gratuitos com seus itens pagos.
- Algumas ofertas do tipo "Compre X e ganhe Y" oferecem descontos no preço, onde comprar mais itens sai mais barato por item do que comprar o mesmo número de itens um por um.
- A oferta "Compre X e ganhe Y grátis" pode prolongar o tempo de permanência dos clientes. Se os clientes normais ficam por três meses, então a oferta "Compre 2 e ganhe 2 grátis" irá mantê-los por quatro meses (ou o tempo que você definir). Isso lhe dá mais oportunidades de fazer mais ofertas e agregar mais valor.
- Se você usar a oferta "Compre X e ganhe Y grátis" para gerar muito dinheiro rapidamente, certifique-se de gerenciá-la bem e cumprir suas promessas.
- Se você precisar de dinheiro rápido, pode fazer essa oferta aos clientes recorrentes existentes. Basta limitar a quantidade vendida para continuar tendo fluxo de caixa.
- Continue vendendo para clientes que pagam antecipadamente por longos períodos, pois eles são os clientes mais propensos a comprar novamente!

PRESENTE DE GRAÇA: Curso "Compre X e ganhe Y" gratuito em vídeo

Compre X e ganhe Y grátis, ganhe muito dinheiro e muitos clientes. Você só precisa saber fazer contas. Fiz um vídeo gratuito para você com algumas maneiras mais criativas de usá-lo. Você pode assistir ao vídeo gratuitamente em acquisition.com/training/money. Escaneie o código QR se você não gosta de digitar.

Pague menos agora ou pague mais depois

Tempo é dinheiro. - Benjamin Franklin

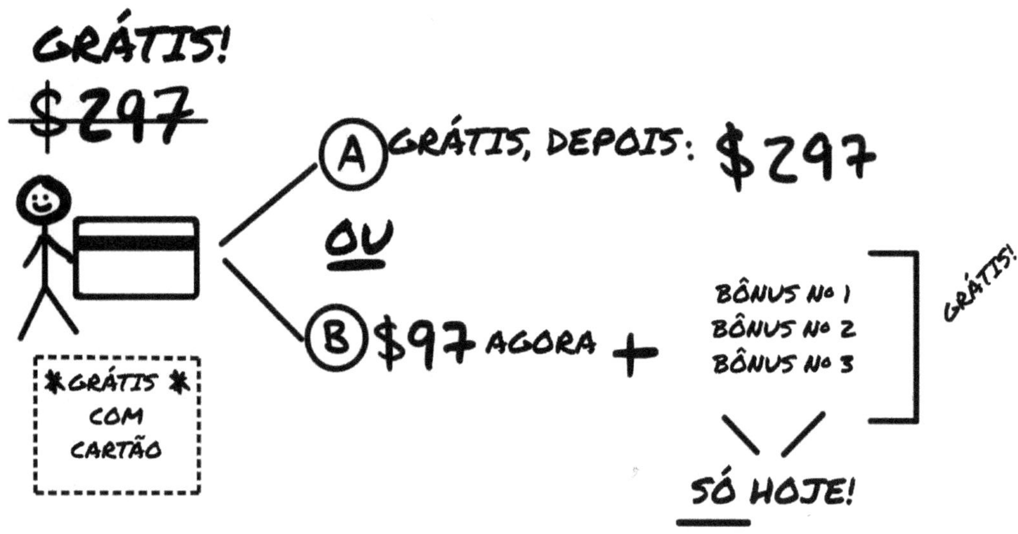

Junho de 2016.

Uma manchete chamou minha atenção: *"Duplique sua velocidade de leitura em 3 horas ou não pague nada".* Abri e dei uma olhada no texto. Lá dentro, o leitor mais rápido do mundo oferecia um treinamento gratuito para duplicar minha velocidade de leitura em três horas. Então, me inscrevi. Por que não?

A página de inscrição dizia: "Você pode cadastrar seu cartão de crédito por US$ 0 e será cobrado US$ 297 amanhã. E se sua velocidade de leitura não dobrar, basta nos enviar um e-mail antes disso e cancelaremos a cobrança. Mas você deve participar para ser elegível." *ou* "Você pode pagar apenas US$ 97 agora e, como bônus gratuito, receber as gravações, que não estarão à venda em nenhum outro lugar."

Optei pela primeira opção. Queria ver se minha velocidade de leitura duplicava antes de pagar qualquer coisa. Durante todo o treinamento, esperei que ele me vendesse mais coisas. Mas ele simplesmente proporcionou valor. Após duas horas, usando suas táticas, minha velocidade de leitura duplicou. *Impressionante.* O treinamento cumpriu o que prometia. Ele ganhou seus 297 dólares.

Depois disso, ele falou sobre como eu poderia aprender a ler ainda mais rápido com seu programa de treinamento de oito semanas. Eu estava satisfeito com meus resultados, então decidi não aceitar a oferta adicional. Ele me ensinou uma habilidade que ainda uso até hoje. Mas o verdadeiro valor veio de aprender uma nova Oferta de Atração.

Descrição

Em "Pague menos agora ou pague mais depois", você dá às pessoas a opção de pagar o preço total mais tarde OU pagar um preço com desconto agora. Essa estratégia funciona muito bem porque eliminamos *todo* o risco para o cliente. Eles pagam mais tarde *e* somente se gostarem do produto. Assim, ela combina os benefícios de um pagamento mais tarde e uma garantia de satisfação. *Qualquer pessoa pode vender isso.* Quase todo mundo concordará em pagar mais tarde se estiver satisfeito. Mas, uma vez que concordem em pagar mais tarde, você pode fazer com que paguem *agora* com descontos significativos e bônus valiosos.

A opção *de pagar mais tarde* permite que você anuncie "grátis", já que eles podem escolher pagar ou não. Isso atrai muitos clientes em potencial. Mas essa oferta gratuita tem um benefício adicional: *ficamos com o cartão deles cadastrado.* Se eles escolherem essa opção e não gostarem do produto, podem cancelar a qualquer momento antes que a cobrança seja feita.

Se eles aceitarem a opção *de pagar mais tarde*, fazemos uma oferta de acompanhamento para que *paguem agora.* As opções *de pagamento imediato* oferecem um desconto de 20 a 50% e bônus maiores. E como já temos o cartão deles cadastrado, facilitamos o pagamento.

Quer eles optem por *pagar agora* ou *mais tarde*, você tem clientes e, provavelmente, algum lucro. Mas, para aproveitar ao máximo esta oferta, você vai querer algo mais para vender. Portanto, tenha algo *mais, melhor e mais novo* para oferecer quando for a hora certa. E não se preocupe, vamos aprofundar o tema das vendas adicionais na próxima seção.

Exemplos

Encontre seu primeiro negócio imobiliário — Workshop gratuito de 3 dias

Pague depois: US$ 0 pelo workshop de 3 dias. Eles são cobrados no valor de US$ 500 ao final, a menos que cancelem.

Pagar agora: US$ 299 pelo workshop de três dias, mais gravações, uma ligação individual com um especialista certificado em imóveis em dificuldades financeiras, além de materiais impressos para uso (entregues no workshop).

Venda adicional: US$ 30.000 para orientá-lo em todas as outras etapas para fechar seu primeiro negócio em seis meses, *além de*: modelos jurídicos, consultor para avaliar o investimento, lista de verificação de inspeção, etc.

Serviço comercial local: apare suas cercas-vivas gratuitamente

Pague depois: US$ 0 pelo corte da grama e das cercas-vivas e, depois, US$ 599.

Pague agora: US$ 369 pelo corte da grama e das cercas-vivas + tratamento da grama.

Venda adicional: US$ 199 por mês pelos serviços de manutenção da grama.

O representante vai até a casa, faz o orçamento e oferece as duas opções, depois faz a venda adicional após o trabalho ser concluído.

Produtos físicos: 14 dias para experimentar roupas

Pague depois*: US$ 0 agora. Adquira o produto. Em seguida, receba uma fatura de US$ 149 em 14 dias.

Pague agora: US$ 97 pela roupa + um acessório que combina com ela.

Venda adicional: o vestido vem com uma oferta de assinatura mensal para mais roupas como esta.

**Os clientes devem devolver o produto em condições de novo antes do faturamento para se qualificar para a garantia.*

Observações importantes

Prometa um resultado claro de sim ou não. Primeiro, faça uma promessa com um resultado claro de sim ou não. Segundo, certifique-se de que pode cumpri-la dentro do prazo. Se você não cumprir eles vão pedir para não serem cobrados. Óbvio. Por exemplo, se você prometer diminuir a dor no ombro de alguém, peça que essa pessoa avalie a dor de 1 a 10 antes de fazer sua mágica e, depois, peça que avalie novamente. Se a dor diminuiu, você teve sucesso e pode vender outro serviço. Mantenha a promessa simples, clara e mensurável. Isso evita cancelamentos desnecessários.

Faça uma garantia de satisfação condicional. *As pessoas só podem cancelar a cobrança se forem elegíveis.* Por exemplo, eu tive que comparecer ao treinamento de leitura para me qualificar para cancelar a cobrança. Afinal, eles não podem dizer que você é ruim se nunca experimentarem. Portanto, certifique-se de acompanhar as condições necessárias para se qualificar. Pense: frequência, comparecimento a um encontro, envio de dados, etc. Defina os critérios que as pessoas devem cumprir para obter o máximo de valor do produto. Todos saem ganhando.

Bônus pela opção "Pague agora". Detesto quando as pessoas repetem o mesmo conteúdo e dizem que é novidade. Por isso, não quis ser assim. Dediquei um capítulo inteiro aos bônus no meu livro sobre ofertas: *Ofertas de US$ 100 milhões*. Você pode adquirir um exemplar do livro ou assistir ao vídeo de treinamento gratuitamente no meu site: acquisition.com/training/offers.

Otimizando suas ofertas de "Pague agora" e "Pague depois". Se muitas pessoas escolherem a opção "Pague depois", ofereça mais descontos na opção "Pague agora", adicione bônus melhores ou faça as duas coisas. Se muitas pessoas escolherem a opção "Pague agora", faça o contrário.

Se mais de 10% das pessoas que optaram por pagar depois cancelarem o pagamento. Você prometeu demais, as condições de garantia são muito baixas ou o preço é muito alto. Observação: não importa o quão bem você cumpra o prometido, *algumas* pessoas cancelarão o pagamento. Tudo bem. Leve isso em consideração nos seus custos comerciais e siga em frente com a sua vida.

Isso também funciona para empresas com receitas recorrentes. Basta oferecer a opção de pagar uma taxa mais alta 30 dias depois *ou* pagar menos hoje e manter a taxa mais baixa para sempre. Além disso, acrescente alguns bônus.

Se você organiza eventos/workshops/apresentações, dê uma dica sobre sua próxima oferta com antecedência.

Se o guru da leitura tivesse dito: *"Todos querem saber quando meu próximo curso intensivo de leitura começa, porque as vagas se esgotam muito rápido. Vou falar disso no final. Mas, por favor, prestem atenção. Quero cumprir a promessa que fiz a vocês de dobrar sua velocidade de leitura primeiro"*. Ao dar uma dica sobre sua próxima oferta mais cedo, ele teria vendido mais. Deixe-me explicar:

Eu costumava fazer *um monte* de consultas nutricionais. As pessoas me interrompiam toda hora para perguntar sobre suplementos. Isso me irritava. Então, num dia cansativo, eu disse: *"Todos querem saber quais suplementos comprar. Chegaremos lá, prometo. Mas, por favor, prestem atenção à parte de nutrição, ela é mais importante"*. Sem querer, dei a entender que todos compravam suplementos *sem oferecê-los*. E todos os acenos de cabeça que recebi mostraram que eles realmente queriam mais produtos. Todos esses fatores fizeram com que mais pessoas comprassem quando finalmente puderam perguntar. Um erro feliz que me certifiquei de repetir.

Pontos resumidos

- As ofertas "Pague menos agora ou pague mais depois" oferecem às pessoas a opção de pagar o preço total mais tarde OU ter um desconto *e* bônus adicionais... *se pagarem agora.*
- A opção *"Pague mais tarde"* tem um pagamento tardio com uma garantia condicional.
    - Tenha critérios claros para se qualificar para a garantia e maneiras fáceis de medi-la.
    - Se possível, alinhe os critérios com o que gera mais valor do produto para as pessoas.
- A opção *"Pague agora"* oferece um desconto de 20 a 50% e bônus *se elas pagarem agora.*
    - Ofereça aos clientes a opção de pagar agora depois que eles aceitarem a opção de pagar depois.
    - Se eles escolherem pagar agora, receberão o desconto e os bônus em vez da garantia.
- Faça sua promessa fácil de acompanhar, difícil de refutar e com um resultado claro de sim/não.
- Se você tiver mais de 10% de cancelamentos, é porque prometeu demais, as condições de garantia são muito baixas ou o preço é muito alto.
    - Além disso, preste atenção especial àqueles que alegam não ter recebido o que foi prometido antes do prazo de cancelamento.

PRESENTE DE GRAÇA: Treinamento "Pague menos agora, pague mais depois" [sem necessidade de inscrição]

Esta é uma das ofertas mais criativas que já vi ou utilizei. Funciona excepcionalmente bem com produtos digitais e serviços de curta duração. Podem ser assustadoramente eficazes e também "agradáveis". É muito fácil ensinar os vendedores também. Se quiser saber mais sobre eles, criei um treinamento mais aprofundado gratuito para você em acquisition.com/training/money. Digitalize o código QR para um acesso fácil e rápido.

Oferta gratuita de boa vontade

Quem disse que o dinheiro não compra felicidade é porque ainda não doou o suficiente.

"Fiquei tetraplégico em 2018 e vivia de subsídio social até encontrar o seu conteúdo e livro... Ganhei US$ 50.000 nos 12 meses seguintes como freelancer." - Danny W.

Tenho uma pergunta para você...

Você ajudaria alguém que nunca conheceu se isso não lhe custasse nada, mas você não recebesse nenhum crédito?

A maioria das pessoas, na verdade, julga um livro pela capa. Então, aqui está o meu pedido em nome de um empreendedor em dificuldades que você nunca conheceu: **por favor, ajude esse empreendedor deixando uma avaliação deste livro. Sua avaliação ajuda...**

... mais uma pequena empresa como a do Bill, a servir a sua comunidade. Nas palavras do próprio Bill: *"Abri uma pizzaria no início de 2022, pouco depois de descobrir* o "Ofertas de US$ 100 milhões". *As vendas começaram lentamente, mas conseguimos! Depois de ler* o "Leads de US$ 100 milhões", *implementamos muitas coisas, como pedir aos clientes que fizessem doações ao banco alimentar local para terem a chance de ganhar pizza grátis durante um ano. Perdi a conta de quantos novos clientes conquistamos depois de fazer essas coisas pela comunidade. Isso prova que essas estratégias funcionam para qualquer tipo de negócio. Obrigado!"*

... mais um empreendedor como Thomas a sustentar sua família. Nas palavras do próprio Thomas: *"Após dez anos, fui demitido do meu emprego das 9 às 17. Mas então encontrei seu livro e abri uma empresa de guias turísticos no Colorado. Dois anos depois, já temos cinco funcionários! Literalmente, peguei o que aprendi e construí meu sonho. Agora, meus filhos e minha esposa estão mais felizes do que nunca."*

... mais um funcionário como o do Miguel a ter um trabalho mais significativo. Nas palavras do próprio Miguel: *"Recebi o livro como presente e decidi repassá-lo aos meus seis funcionários. Desde então, nossa empresa passou por uma transformação notável e continua crescendo a cada mês. Além disso, também o dei aos meus instrutores independentes que contratei. Obrigado."*

Sua avaliação ajuda... mais um empreendedor como Simon a transformar sua vida. Nas palavras do próprio Simon: *"Sou apenas um cara normal da Alemanha e não conseguia conquistar clientes de jeito nenhum. Então comprei* o "Leads de US$ 100 milhões". *Depois de ler o capítulo sobre abordagem fria, comecei a aplicar a Regra dos 100. Esperava conseguir talvez 1 ou 2 clientes... Mas então, marquei 8 reuniões em 7 dias... fechei negócios em 4 delas e ganhei meus primeiros 500 euros com um dos clientes. Já se passaram 3 meses e minha carreira não poderia estar melhor. Seu livro foi o único livro de que eu precisava. Recomendo a todos!!"*

... mais um empreendedor como Alex saiu de uma situação difícil. Nas palavras do próprio Alex: *"Fui morar com a minha namorada ganhando menos de US$ 1.000 por mês. Comprei* o "Leads de US$ 100 milhões" *e aplicamos TUDO. Três semanas depois, fechamos um contrato com um cliente por mais de US$ 2.000 por mês. Depois, mais três! Devo a vocês MUITO mais do que o custo desses livros."*

Sua avaliação ajuda... mais um empreendedor como Mohan a sair de seu país e se livrar das dívidas. Nas palavras do próprio Mohan: *"Como um imigrante indiano em necessidade tentando chegar à Irlanda, eu ganhava tão pouco dinheiro que morreria antes de pagar minhas dívidas. Eu dava aulas particulares onde podia. Então li o livro "*Ofertas de US$ 100 Milhões" *e pedi demissão do meu emprego 11 dias depois. Fazia o mesmo trabalho, mas desta vez aprendi a fazer ofertas. Os clientes ficavam felizes em pagar. Às vezes, até € 1.500 quando eu dava alguns bônus. Agora tenho uma renda suficiente para viver. E finalmente encontrei o que eu amo fazer. Me Mudei para a Alemanha e minha dívida está quase paga. Obrigado, Alex."*

Se você diz a si mesmo que fará isso mais tarde, por favor, em vez disso, faça agora. Leva menos de 60 segundos para mudar a vida de alguém para sempre.

Se você estiver no Audible, clique nos três pontos no canto superior direito do seu dispositivo, clique em "avaliar e comentar" e deixe algumas frases sobre o livro com uma classificação por estrelas.

Se você estiver lendo no Kindle ou em um e-reader, role até o final do livro, deslize para cima e uma avaliação será exibida.

Se, por algum motivo, isso mudar, você pode acessar a Amazon (ou onde quer que tenha comprado o livro) e deixar uma avaliação diretamente na página do livro.

Se você se sente bem em ajudar um empreendedor desconhecido, você é do meu tipo. Bem-vindo à #mozination. Você é um de nós.

Estou muito animado para ajudá-lo a ganhar mais dinheiro do que você pode imaginar. Você vai adorar as táticas que vou compartilhar nos próximos capítulos. Obrigado do fundo do meu coração. Agora, voltemos à nossa programação normal.

- Seu maior fã, Alex

Conclusão: ofertas de atração

Extra! Extra! Ouça tudo sobre isso!

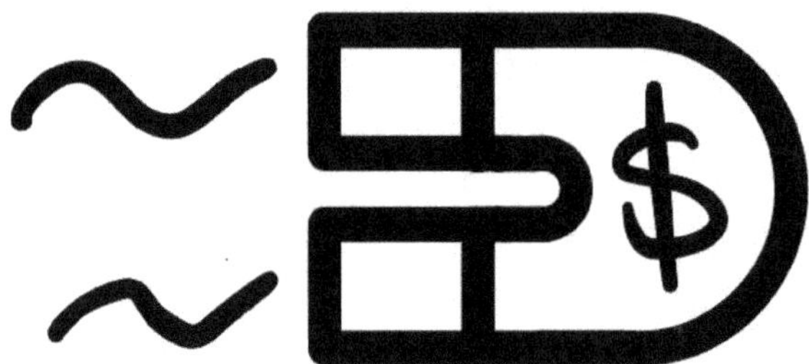

O objetivo das ofertas de atração é transformar estranhos em clientes. E fazer isso de uma forma que gere mais dinheiro antecipadamente. O ideal é obtermos dinheiro suficiente para cobrir o custo do cliente e o custo de entrega do nosso produto *várias vezes.* Dessa forma, podemos nos reembolsar *e* conquistar nosso próximo cliente.

Mostrei a você as cinco ofertas de atração mais poderosas que já vi e usei: Ganhe seu dinheiro de volta, sorteios, ofertas isca, compre X e ganhe Y grátis e pague menos agora ou pague mais depois. Eu as aplico em algum momento em todos os negócios que possuo. Elas transformaram US$ 1.000 em US$ 10 milhões em dez meses, porque quando obtive retorno, *continuei dobrando a aposta.* Uma oferta de atração Grand Slam muda seu negócio (e sua vida) *para sempre.*

Depois de usar as Ofertas de Atração, conquistamos mais clientes. E agora que os conquistamos, precisamos aumentar nossos lucros em 30 dias vendendo mais produtos para eles. Isso nos leva ao próximo componente do *Modelos de dinheiro de US$ 100 milhões*: Ofertas de Venda Adicional: *O que oferecer a seguir.*

SEÇÃO III: OFERTAS DE VENDAS ADICIONAIS

Quer batatas fritas para acompanhar? — A famosa oferta de venda adicional do McDonald's

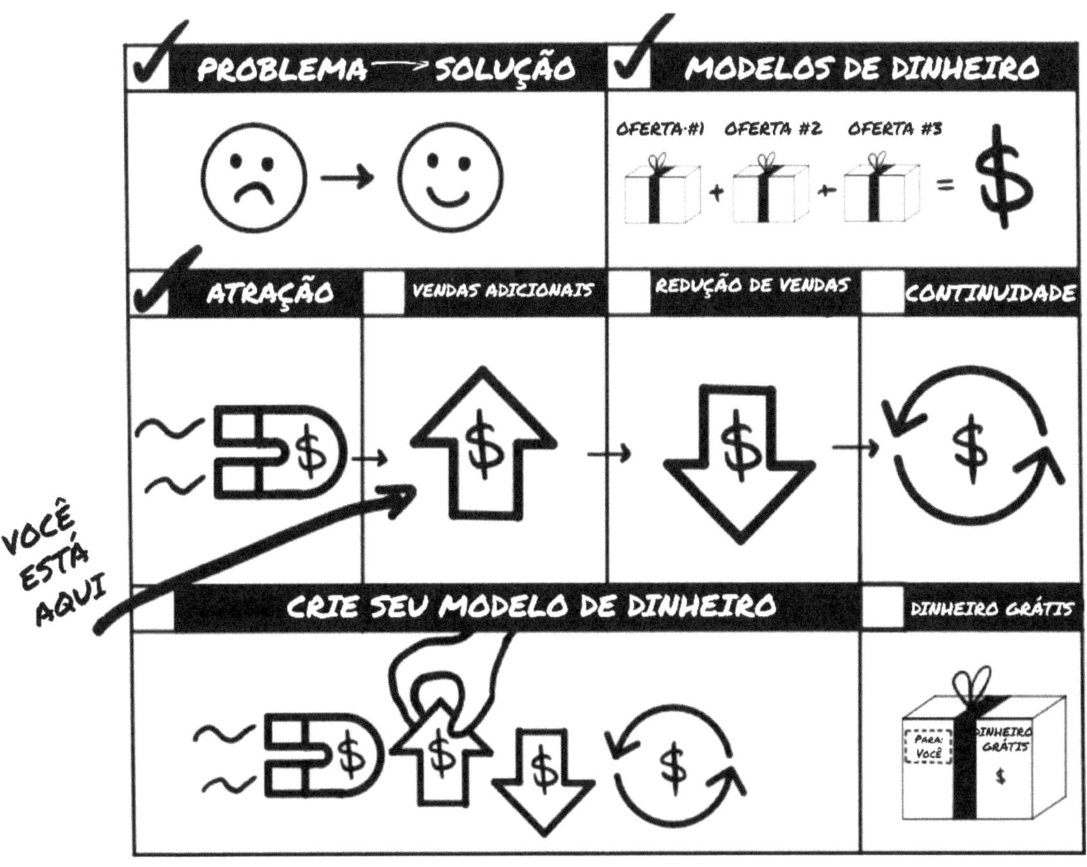

Com uma oferta atraente em vigor, você tem clientes e dinheiro. Se fizemos um bom trabalho, também obtivemos lucro. Ótimo! Agora queremos maximizar os lucros em 30 dias. Então, o que fazemos? Resposta: ganhar mais dinheiro. Para isso, fazemos ofertas de venda adicional. E, no fim das contas, vendas adicionais significam simplesmente *o que oferecemos a seguir.*

Como funcionam as vendas adicionais

Quando uma oferta resolve um problema, surge outro. Você *vende* a solução para o problema que sua oferta revela. Assim, cada oferta abre as portas para uma venda adicional... até mesmo vendas adicionais, no plural! Muitas vezes, as vendas adicionais representam a maior parte do lucro. Elas determinam o sucesso ou o fracasso de um Modelo de Dinheiro. Deixe-me mostrar o quanto.

Digamos que uma lanchonete tenha um lucro de US$ 0,25 em um hambúrguer de US$ 2,00. Se essa fosse a única oferta que eles tivessem, precisariam vender cerca de 10.000 hambúrgueres por dia para cobrir os custos e *mal* conseguiriam sobreviver. Boa sorte. Mas eles têm mais ofertas além do hambúrguer. Eles perguntam: *"Você quer batatas fritas para acompanhar?"* Se a resposta for sim, eles lucram mais US$ 0,75 e perguntam: *"Você quer fazer uma refeição completa?"* o que acrescenta uma bebida. Se alguém responder que sim, eles lucram US$ 1,75 *a mais*. O lucro deles passa de US$ 0,25 para US$ 2*,00 — um aumento de 8 vezes.* Além disso, eles oferecem uma terceira venda adicional: *"Você quer aumentar o tamanho do seu combo por apenas mais um dólar?"* Isso eleva o lucro de míseros US$ 0,25 para impressionantes US$ 3,00 — *um aumento de 11,6 vezes.* E agora essa pequena lanchonete realmente tem chance de sucesso.

MÉTODO DO HAMBÚRGUER, BATATAS FRITAS E REFRIGERANTE

Mostro este exemplo básico (e comum!) para salientar uma coisa: a sua primeira oferta *nem sempre* gera lucro. Por outras palavras, *o que mais vende nem sempre é o que lhe dá mais lucro*. O lucro vem da segunda, terceira e, no caso do negócio dos hambúrgueres, da quarta oferta e das seguintes. Se o McDonald's não vendesse batatas fritas e refrigerantes, não existiria o McDonald's. Se você quer vencer, precisa descobrir sua versão de *"Quer batatas fritas para acompanhar?"*. Se você não fizer, outros vão fazer.

As vendas adicionais falham quando:

- Você oferece algo que eles não querem (muito diferente ou que não resolve o problema deles).
- Você oferece no momento errado (antes que eles tenham experimentado o problema).
- Você oferece da maneira errada (eles não acreditam em você).
- Ou uma combinação dos itens acima.

Em resumo, as vendas adicionais tendem a oferecer:

- Mais do que eles acabaram de comprar (pense em quantidade) — por que comer um hambúrguer quando você pode comer dois?

- Versões melhores (pense em qualidade) — por que comer carne misteriosa quando você pode comer contrafilé?
- Coisas novas ou complementares (pense em algo diferente) — Você quer batatas fritas e um refrigerante com esse hambúrguer?

Eu uso quatro ofertas de venda adicional simples e extremamente eficazes:

- A venda adicional clássica
- Vendas adicionais em menu
- Vendas adicionais âncora
- Vendas adicionais de aproveitamento de crédito

E com apenas alguns ajustes, você pode incorporá-las ao seu negócio hoje mesmo. **Aviso**: esta seção é extremamente eficaz e deve ser usada de forma ética. Dito isso, vamos ganhar dinheiro.

PRESENTE DE GRAÇA: Ofertas de venda adicional [sem necessidade de inscrição]

Se você quer obter mais lucro por cliente, precisa vender mais produtos a eles. Saber o momento certo, a maneira certa e os produtos certos para vender é fundamental. Aprendi muitas lições fazendo isso da maneira errada. Espero poder ajudá-lo a evitar esses erros e acertar na primeira tentativa. Preparei um treinamento adicional sobre este capítulo que você pode assistir gratuitamente em acquisition.com/training/money. Código QR para acesso rápido e fácil.

A venda adicional clássica

Você não pode ter X sem Y!

Verão de 2016.

Ele era um importante comerciante de casacos de pele, um especialista em negócios de quarta geração e um mentor meu desde a infância. Nos sentamos para conversar num restaurante chique em frente à sua loja. Um minuto depois de fazermos o pedido, o nosso salmão chegou.

"Quanto você acha que esse salmão custa para o restaurante? Três dólares? Talvez alguns centavos a mais pela guarnição? E olhe o cardápio — eles estão cobrando trinta e dois dólares! Inacreditável... mas... nós pagamos." Ele deu a primeira mordida, riu sozinho e continuou.

"Soube que você entrou no jogo — bom para você. Nunca teria imaginado quando você trabalhava na loja. Você era meio desajeitado."

"O que posso dizer? Escovar sete mil casacos de pele seguidos derreteu meu cérebro." Eu ri: "Você ainda está ganhando muito dinheiro com isso?"

Um sorriso tímido apareceu. "Sim. E essa nem é a melhor parte, meu filho teve uma ideia genial." Seu filho seria o *proprietário da quinta geração.*

"Conte mais", pedi.

"Anunciamos protetores de orelhas gratuitos com armazenamento de casacos. E veja só. Quando os clientes vêm buscar seus protetores de orelhas e guardar seus casacos, ele diz: *'Ótimo. E vamos guardar isso também por US$ 30. Você não quer guardar mais nada, quer?'* E, claro, eles dizem que não."

"Espere um segundo, então vocês fazem com que eles paguem por armazenamento adicional para os protetores de orelhas gratuitos, fazendo com que eles digam não? Vocês são lendas!"

"Nós? Nãão. Apenas continuamos criativos... e, se algo funciona, continuamos com isso."

***

Sempre que ele falava de negócios, ele se animava. Apesar de ser o esquisito na sua loja, aprendi muitas lições para a vida com ele. Compartilho essa história em homenagem a essas lições.

Descrição

A venda adicional clássica oferece uma solução para o próximo problema do cliente *no momento* em que ele se dá conta dele. Explico primeiro a venda adicional clássica porque é extremamente lucrativa, fácil e qualquer pessoa pode fazê-la. Principal motivo: os clientes atuais *sempre* têm mais chances de comprar seus produtos do que estranhos. E, quando o momento é certo, os próprios clientes fazem a venda adicional.

A venda adicional clássica depende de saber mais sobre o problema do seu cliente do que ele mesmo. E você deve saber, afinal, é o seu negócio. A ideia é simples: sua oferta principal resolve um problema e cria outro. *Sua venda adicional resolve imediatamente o próximo problema.* Isso dá à venda adicional clássica sua estrutura "Você não pode ter X sem Y". Como na história do aluguel de carros. Você não pode ter um carro sem seguro. Você não pode ter um carro sem gasolina. Você não pode ter uma boa viagem sem check-out tardio. Etc. E todas essas coisas se tornam imediatamente visíveis *assim que* o cliente faz a primeira compra.

Conclusão: se surgir um problema e você puder resolver imediatamente — em troca de dinheiro — *faça isso!*

Exemplos

Serviço local de lavagem de carros

Primeira compra: lavagem de carros

Venda adicional: selante

Você não vai querer lavar o carro sem selante. Você ganha muito mais pelo seu dinheiro.

Produto físico

Primeira compra: Bicicleta

Venda adicional nº 1: Capacete

Venda adicional nº 2: Luzes

Venda adicional nº 3: Pneus resistentes a furos

Você não pode andar de bicicleta sem capacete!

Produto digital

Primeira compra: Curso sobre exercícios físicos

Venda adicional: Curso sobre nutrição

Não é possível compensar uma dieta inadequada com exercícios físicos... por isso, recomendamos nosso curso sobre nutrição.

Observações importantes

Sério, faça isso. Você ficaria surpreso com quantas empresas me procuram e vendem apenas uma coisa. Geralmente, eu digo a elas: "Vocês mal têm um negócio, só têm uma fachada. Descubram o que vocês vão oferecer *em seguida*". Meses depois, fico sabendo que elas *literalmente* quintuplicaram seus negócios porque *realmente* ofereceram uma venda adicional.

Oferte primeiro as vendas adicionais mais lucrativas. Se eu tenho dois produtos e um tiver um lucro maior do que o outro, ofereço primeiro a opção com maior lucro.

Faça com que eles "digam não para dizer sim". Sempre me surpreendi com a frequência com que o vendedor de casacos de pele conseguia que as pessoas comprassem coisas dizendo "não". Ele sabia que as pessoas tinham sido treinadas para dizer "não" em resposta a "você não quer mais nada, quer?". Mas isso, na verdade, transforma um "não" em "sim". Portanto, ao fazer vendas adicionais, a pergunta se traduz em: *Você não quer mais nada [além do que acabei de oferecer], quer?* Venda inteligente. Então, deixe os nãos (*sins)* rolarem.

Surpreenda e encante. Digamos que você tenha quatro bônus guardados para oferecer às pessoas que estão indecisas sobre a compra. Adicione um de cada vez. Se elas aceitarem antes de você adicioná-los, dê os quatro mesmo assim. Isso irá surpreendê-las e encantá-las. Além disso, isso garante que você ainda venda a mesma coisa para todos, para que ninguém se sinta excluído mais tarde.

Venda mais quando eles estiverem comprando mais — Ciclo de compras hiperativo. A maioria dos compradores entra em um ciclo de "compras hiperativas" quando decide fazer algo novo. Isso é um curto período de tempo em que eles estão mais animados com uma nova coisa que vão fazer. Esse é o momento que eles gastam uma grande quantidade de dinheiro em um curto período de tempo. Isso acontece em casamentos, novos hobbies, ter filhos, mudar para novos lugares e assim por diante. Se você tem um negócio que atende a esse tipo de necessidade, não hesite em fazer ofertas de vendas adicionais. *Aproveite... e continue fazendo ofertas.*

Use bônus gratuitos para criar problemas que as ofertas de vendas adicionais resolvem. Os bônus resolvem problemas. É isso que os torna valiosos. E, devido ao ciclo problema-solução, eles também podem revelar eles. As ofertas de vendas adicionais podem resolver esse novo problema. Os protetores de orelha, por exemplo, têm custo de material e mão de obra. Mas eles puderam "oferecer gratuitamente" fazendo com que os clientes pagassem US$ 30 para guardar algo *que acabaram de receber de graça.*

Quanto mais rápido as pessoas têm acesso às coisas, mais elas as valorizam. Uma coisa de US$ 10.000 que você recebe mais tarde vale menos do que uma coisa de US$ 10.000 que você recebe agora. Quanto mais tempo alguém leva para ter algo, menos valor isso tem no momento. Então, se você quiser aumentar a chance de eles aceitarem a venda adicional, disponibilize o mais rápido possível. Melhor ainda se você colocar o produto nas mãos do cliente antes que eles digam sim. É bem mais difícil devolver algo do que dizer não.

Se você agrupar vendas adicionais, dê nomes a elas. É mais fácil vender uma coisa do que nove coisas. Ao agrupar itens, você pode fazer uma única oferta e obter nove vendas. Eu dou nome aos pacotes com base no tipo de cliente *e/ou* resultado. Por exemplo, pacote "Resultados mais rápidos", "Pacote de transformação" ou "Pacote mínimo". Todos eles aumentarão as vendas adicionais por pessoa. Por último, você pode retirar alguns dos produtos ou recursos do pacote como forma de fazer uma venda reduzida. Tem mais informações sobre isso na Seção IV: Ofertas de vendas reduzidas.

Integre vendas adicionais às suas outras ofertas. Torne as vendas adicionais parte da forma como você apresenta outras ofertas. Assim, mais clientes vão aceitar. Meus planos alimentares incluíam sugestões de suplementos. Então, quando eu falava sobre nutrição, as pessoas perguntavam sobre suplementos. O treinamento de vendas e marketing da Gym Launch sugeria softwares opcionais. Isso levou os proprietários de academias a comprá-los. Integre o próximo produto que você deseja vender ao primeiro produto que eles compram.

Certifique-se de marcar uma reunião a partir de uma reunião (BAMFAM). Quanto mais vezes você conseguir fazer vendas adicionais, para mais pessoas você vai vender. Se você vender mais para mais pessoas, ganhará mais dinheiro. Já que você quer isso... termine cada encontro marcando o próximo encontro. Não deixe que eles saiam sem marcar uma nova reunião! Como diz meu grande amigo Sharran, CEO de uma empresa chique: "Um cliente deve saber quando será a próxima vez que vocês vão se encontrar — e o porquê — *antes de sair*". Assim, se vocês combinarem de se encontrar de novo, *combine o motivo e a data naquele momento.*

Faça tantas vendas adicionais quanto fizer sentido. A agência de aluguel de carros fazia muitas vendas adicionais. A lanchonete fazia muitas vendas adicionais. Minhas academias faziam muitas vendas adicionais. A Gym Launch fazia muitas vendas adicionais. Ofereça tantas soluções quantos forem os problemas que você pode resolver. Não seja tímido. Se você pode resolver, ofereça. A segunda pior coisa que pode acontecer é eles dizerem não. *A pior coisa é se eles tivessem dito sim, mas você nunca tivesse perguntado.*

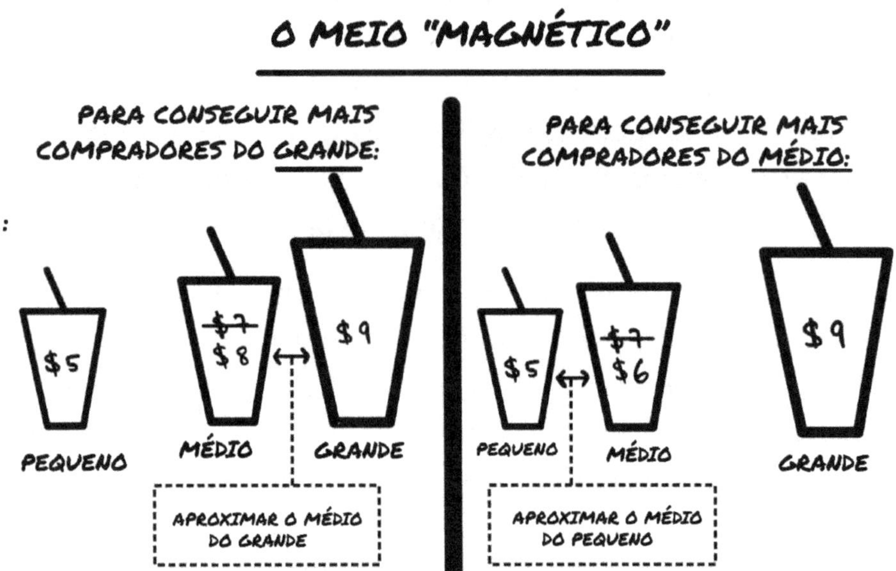

Como vender *mais do mesmo*

Portanto, se você tem dois produtos e deseja vender um deles, adicione uma terceira opção para incentivar a compra do produto que você deseja. Os cinemas fazem isso com refrigerantes e pipocas. Veja como:

Os preços para tamanhos pequeno, médio e grande funcionam da seguinte forma:

A - Pequeno - US$ 5
B - Médio - US$ 8 *(em vez do preço lógico de US$ 7)*
C - Grande - US$ 9

Resultado: mais pessoas escolhem o grande. As pessoas que escolhem o pequeno sempre escolherão o pequeno. As pessoas que escolhem o grande sempre escolherão o grande. *Mas as pessoas que normalmente escolheriam o médio, provavelmente vão escolher o grande.*

Se você quiser que mais pessoas comprem a opção *média*, você definiria o preço da seguinte forma:

Pequeno - US$ 6 (*em vez do preço lógico de US$ 5)*
Médio - US$ 7
Grande - US$ 9

Resultado: isso faz com que mais pessoas comprem o médio, pois agora *a maioria das pessoas que normalmente comprariam o pequeno compraram o médio.*

Conclusão: se você tem muitos clientes comprando produtos pequenos, pode aumentá-los para médios. Se você tem muitos clientes comprando produtos médios, aumente-os para grandes. Se você tem muitos clientes comprando produtos grandes, aumente *todos* os seus preços.

Vendas adicionais de garantias, garantias estendidas e seguros. Muitas empresas oferecem garantias sobre os produtos. Muitas empresas oferecem garantias estendidas sobre os produtos. Muitas empresas oferecem seguros sobre os produtos. Você pode fazer vendas adicionais em todos esses casos. *Então, em vez de fazer isso de graça, basta adicionar de 5 a 50% ao preço por uma garantia de que seu produto faz o que você diz que ele faz.* Exemplo: um estúdio de arte costumava trocar retratos danificados sem custo. Eu disse a eles para começarem a perguntar aos clientes se pagariam 10% a mais por isso. Agora, 30% dos clientes compram o que o estúdio de arte costumava dar de graça. Só lucro, meu bem.

Resumo

- Sua oferta de atração revela um problema. As vendas adicionais (o que quer que você ofereça em seguida) resolvem esse problema.
- Use a venda adicional clássica para problemas *imediatos* revelados pela sua oferta anterior.
- Perguntar "você não quer mais nada, quer?" faz com que as pessoas concordem dizendo não. Funciona.
- Aumente a chance de os clientes aceitarem as vendas adicionais, dando o que eles querem o mais rápido possível.
- Ofereça bônus que criam uma oportunidade de venda adicional. Uma ótima maneira de ganhar mais dinheiro.
- Para ter mais chances de fazer vendas adicionais aos clientes, torne o BAMFAM (Agendar uma Reunião a Partir de uma Reunião) um estilo de vida.
- Você pode ter quantas ofertas de vendas adicionais você quiser, desde que elas resolvam os problemas.
- Você não perde nada por se oferecer para resolver o problema de alguém.
- Se fizer sentido para o seu negócio, você pode cobrar por garantias ou seguros, em vez de oferecer eles de graça.

PRESENTE DE GRAÇA: Assista ao vídeo de treinamento sobre vendas adicionais clássicas [sem necessidade de inscrição]

A primeira técnica de vendas adicionais que todos devem aprender é a clássica. Existem várias diquinhas que podem fazer toda uma diferença. Eu fiz um vídeo de treinamento para garantir que você não perca nenhum detalhe. Você pode assistir gratuitamente em acquisition.com/training/money. Use o Código QR para acesso rápido e fácil.

Menu de vendas adicionais

Você não precisa disso... você precisa disso

Dezembro de 2013.

As pessoas continuavam a se inscrever na academia como de costume, mas ninguém se interessava pelos meus suplementos. Eu li em algum lugar que manter as prateleiras cheias levava mais pessoas a comprar. Por isso, enchi as prateleiras com todos os produtos numa fila perfeita. Não funcionou. Também li que se contasse a todos sobre a parte científica interessante, eles comprariam. Também não funcionou. Só alguns clientes fiéis que compravam por pena, mas eu estava fazendo alguma coisa muito errada. *Por que sou tão ruim nisso?*

Num dia particularmente difícil, tive dezenove consultas nutricionais e ninguém comprou nada. Foi péssimo. Então, chegou à consulta número vinte. Ela tinha uma bolsa legal e um grande anel de diamante na mão. *Se eu não conseguisse vender para ela, então só me restava desistir.* Mas então me lembrei... *Eu tenho US$ 5.000 em estoque naquela prateleira — tenho que achar uma solução!*

Fizemos a consulta nutricional e eu comecei a ficar nervoso. Fiquei tão nervoso que esqueci meu roteiro de venda. E, em vez do blá blá blá científico, só perguntei: "Você toma um shake de proteína no café da manhã, prefere chocolate ou baunilha?"

"Qual é o seu favorito?", ela perguntou.

"Chocolate."

"Ótimo. Vou pegar um desses."

Espere, o que acabou de acontecer? Eu não falei sobre os benefícios nem nada. Eu apenas perguntei o que ela queria... e ela me disse! Sacando a dica, passei para o próximo item.

"Você quer kiwi ou limonada de morango no pré-treino?" — então me lembrei da última pergunta dela — "... eu gosto de limonada de morango."

Sorrindo, "Ótimo, vou levar essa."

Eu tinha mais produtos, mas vender dois já era um recorde e não queria assustá-la. Ainda precisava pedir o dinheiro. Então, peguei o contrato de adesão dela, que já tinha o cartão cadastrado, e perguntei: "Você quer usar o cartão que já temos cadastrado?"

"Sim, tudo bem."

Após essa conversa, vendi para os vinte clientes seguintes consecutivamente. No final do dia, olhei para a minha prateleira vazia, sem acreditar. *Eu sei como vender suplementos.*

Conclusão: Descobri duas táticas que mudaram para sempre a minha estratégia de vendas adicionais. Primeiro, a venda adicional A/B — pergunto *qual produto eles preferem*, em vez de perguntar se querem o produto. Segundo, pergunto *se querem usar o cartão cadastrado*, em vez de pedir que peguem o cartão de novo. Ainda uso essas duas táticas até hoje.

Agosto de 2014.

Agora, eu fechava vendas a torto e a direito. Bing bang boom. Não eram exatamente grandes negócios, mas eu vendia de forma consistente. Todos os meses, eu começava outro grupo potencial. E, sem falhar, eu vendia de US$ 5.000 a US$ 10.000 em suplementos. Nada mal para um dia de trabalho!

Mas um dia, tive uma senhora que não parava de fazer perguntas. Ela queria sempre mais informações. Como tomar. Quantos. Quando. A que horas. E se ela estivesse no trabalho? E se ela estivesse em casa? E se ela estivesse na academia? Ela não parava. Eu ia acabar atrasando a minha próxima consulta. Então, finalmente, escrevi instruções passo a passo no verso de um pedaço de papel. *Tome um destes à noite. Tome dois depois do almoço. Beba isto depois do treino. Blá, blá, blá.*

Revi com ela o que escrevi e perguntei: “Faz sentido?”

Ela balançou a cabeça concordando. “Obrigada!” Ela pegou o papel e saiu.

Minha próxima paciente ouviu toda a nossa conversa. Assim que se sentou, ela perguntou: “Você poderia escrever como fez para aquela outra senhora?” Tentei não soltar um suspiro, *mas não consegui*. Eu ia me atrasar para minha próxima consulta *de novo*.

Mas fiz o que ela pediu. Desta vez, escrevi as instruções diretamente no formulário de pedido. Ao lado de cada item, escrevi a quantidade a tomar e quando. E como não queria atrasar minhas consultas mais quinze minutos, já fui para a venda adicional.

“Tenho todas as suas instruções aqui, você quer usar o cartão cadastrado?”, perguntei.

“Sim, tudo bem.”

Que maravilha! Ela comprou todos esses produtos... e eu nem sequer lhe pedi nada. *Eu disse a ela.* E ela fez. Como mágica.

Fiz isso a partir daquele dia e meus lucros em 30 dias dispararam.

Conclusão: aprendi que instruções *detalhadas* e *personalizadas* vendem mais do que sugestões vagas e genéricas. Chamo isso de prescrição de vendas adicionais.

Novembro de 2016.

Nessa época, eu estava viajando para lançar academias de outras pessoas. E isso incluía vender suplementos. Vendi para milhares de pessoas. Atendia de 40 a 50 por dia. Duas pessoas. A cada 30 minutos. Por 12 horas seguidas. Só com minhas maratonas de vendas de suplementos, cobria o voo até lá, meu hotel *e* os custos de publicidade. Fiquei tão bom nisso que acabava ficando sem produtos para vender. Hoje era um desses dias.

Acabei de vender a uma senhora as últimas quatro unidades de produtos diferentes. Em situações assim, eu venderia o que restasse para o próximo cliente. Mas antes que eu pudesse fazer minha apresentação, ela disse: “Posso comprar o que ela comprou?” *Ai caramba.*

Eu disse: "Desculpe, acabei ficando sem nada. Mas, sinceramente, você pode comprar algo parecido na loja ao final da rua por cerca de US$ 20 a menos. Não é tão bom, mas serve para o primeiro mês. Tá bom?"

"Muito obrigada por me ajudar." Ela parecia muito grata. Foi uma sensação boa. Então, continuei *a não vender*.

"Essa outra coisa, a mesma história. De novo, não é tão boa, mas vai te ajudar no primeiro mês." Ela parecia muito feliz. Eu já não conseguia mais parar. Eu comecei a não vender coisas *que eu não iria vender para ela de qualquer maneira.*

"Você não está tentando ganhar peso, certo?", brinquei.

"Oh, Deus, não!", ela riu.

"Ok, ótimo. Você não vai precisar disso", riscando o shake para ganho de peso. "Ah, e você não está tentando aumentar sua testosterona, certo?"

"Não, haha. Acho que não", ela disse.

"Ótimo. Você também não vai precisar disso." Eu risquei. Então, comecei a fazer sugestões com o que tinha sobrado. "Ok. Então você vai precisar tomar dois desses... três desses..." e continuei. Ela adorou *e comprou sem hesitar.*

Conclusão: fiz questão de riscar o que ela não precisava. E isso criou boa vontade suficiente para vender mais daquilo que ela *precisava*. Mais tarde, guardei produtos *apenas para riscá-los!* Chamo esse processo de <u>"unselling" (não vender)</u>.

Descrição

Em um menu de vendas adicionais, você diz aos clientes quais opções eles não precisam. Em seguida, diga a eles o que eles precisam, suas preferências *e* como conseguir o valor disso. O menu de vendas adicionais combina até quatro táticas: não vender, venda adicional por prescrição, venda adicional A/B e cartão já cadastrado.

Primeiro, eu <u>não vendo</u> o que os clientes não precisam.

Segundo, eu <u>prescrevo</u> o que eles precisam.

Terceiro, pergunto o que eles preferem entre <u>A e B</u>.

Por último, facilito a compra perguntando se eles querem usar o <u>cartão já cadastrado</u>.

Não vendendo. Você não vende dizendo aos clientes aquilo que eles não precisam, assim você pode destacar o que eles precisam. Nesse momento, em vez de perguntar ***se*** eles querem comprar ou não, você explica ***o que eles não precisam***, como forma de ***deixá-los empolgados com o que precisam***. Os jeitos de "não vender" varia de acordo com as necessidades do cliente. Quando algumas opções funcionam melhor, você pode riscar as outras. Depois de dizer a eles o que eles não precisam...

Prescrevemos vendas adicionais. Nós dizemos a eles o que eles precisam. As vendas adicionais prescritas funcionam bem quando oferecer uma escolha não é conveniente e você só tem uma coisa que resolve o problema. A venda adicional prescrita tem dois componentes importantes. Primeiro, você precisa explicar como ela se integra às ofertas que eles já compraram. Segundo, você personaliza e detalha como maximizar seu valor. Aqui, em vez de perguntar ***se*** eles querem comprar ou não, você explica ***como usar*** como se eles já tivessem comprado. Mais uma vez a gente remove a opção de não comprar para diminuir a chance de eles não comprarem. E aí uma vez que já explicamos como eles vão usar tudo...

Fazemos a venda adicional A/B. Perguntamos a eles suas preferências. Vendas adicionais A/B funcionam para *várias ofertas que resolvem o mesmo problema.* Você faz uma venda adicional A/B perguntando a preferência deles. Em vez de perguntar ***se*** os clientes queriam comprar um produto, sim ou não, perguntamos qual produto eles ***preferem***: A ou B. Qualquer uma das opções resulta em uma venda adicional. Basicamente, quando você dá a opção de não comprar, alguns não compram. Então, eu dou a opção de escolher entre comprar duas coisas parecidas. Uma vez que eles sabem o que estão comprando e como vão usar, eu sugiro a maneira mais fácil de pagar...

Cartão já cadastrado. A cereja no topo de toda essa delícia de venda adicional. Eu literalmente pergunto: "Você quer usar o cartão já cadastrado?" Aqui, em vez de perguntar ***se*** eles querem pagar ou não, você ***direciona*** às formas que eles já têm. Isso faz com que mais pessoas comprem, pois reduz os "custos ocultos" da compra. Escolher qual cartão usar. Pegar ele. Acabar lembrando de decisões ruins em compras passadas. Até mesmo o incômodo de comprar coisas na pressa... e vai saber quantas outras coisas. Entenda que, se você facilitar a compra para eles, mais pessoas vão comprar.

Levei dez anos para aprender isso. Espero que você consiga o mesmo valor em dez minutos.

Exemplos

Massoterapeuta

- *Não venda:* Temos uma massagem linfática disponível, mas você não está grávida nem acabou de sair de uma cirurgia, certo? Então, podemos riscar essa opção.
- *Prescreva:* Como seu ombro está doendo, vamos aquecê-lo primeiro, depois trabalhar seus pontos de gatilho e, depois disso, faremos alguns alongamentos dinâmicos.
- *A/B:* Então, você prefere fazer isso antes do trabalho ou antes de ir para casa?
- *Cartão já cadastrado:* "Quer usar o cartão já cadastrado?"

Ração para cães

- *Não venda:* Você não vai precisar desse saco pequeno nem desses produtos para filhotes — o seu cachorro é grande! Você também não precisa dessas vitaminas, porque a ração já inclui elas.
- *Prescreva:* Você também vai querer dar ao seu cão um desses petiscos para as articulações em cada refeição. E a cada 90 dias, dê a ele um desses comprimidos para vermes do coração. Além disso, não se esqueça de trazer ele de volta no mês que vem. Já vamos agendar a consulta agora mesmo.
- *A/B:* Seu cão prefere sabor carne ou frango?
- *Cartão já cadastrado:* "Quer usar o cartão já cadastrado?"

Produto digital

- *Não venda:* Você ainda não precisa de todos os oito cursos. Você só precisa resolver X, Y e Z. Vamos fazer o seguinte. Vou te enviar alguns materiais gratuitos que resolvem os problemas X e Y. Então, você só precisará de um curso para o problema Z...
- *Prescreva:* Mas para resolver Z, você com certeza vai querer fazer o curso *desse jeito aqui*. Você pode dedicar uma hora por dia a ele? Ok, ótimo. Isso evitará que outros problemas W apareçam mais tarde.
- *A/B:* Você prefere receber suporte por mensagem ou por telefone? Ok, ótimo. Você gostaria de começar hoje ou na segunda-feira?
- *Cartão já cadastrado:* Ótimo. Quer usar o cartão já cadastrado?

Dica profissional: "Cartão já cadastrado" nas primeiras compras — *Qual cartão você deseja usar?*

Observações importantes:

Transforme qualquer coisa em uma **oferta A/B.** Você pode transformar *qualquer coisa* em uma oferta A/B. Só para dar algumas ideias... Quantidade (você quer uma garrafa ou duas?), data de início (começar amanhã ou segunda-feira?), preferência de pagamento (dinheiro ou cartão?), sabor (chocolate ou baunilha?), horários (manhã ou tarde?), mídia (ler ou ouvir?), tipo de entrega (padrão ou expressa?), tamanho (pequeno ou médio?), cor (preto ou branco?), material (papel ou plástico?), pessoa (John ou Sara?), comunicação (ligação ou mensagem de texto?). Com um pouco de criatividade, você pode transformar *qualquer coisa* em uma venda adicional A/B.

Se você fizer uma oferta A/B, dê um empurrãozinho. Se seus clientes têm experiência limitada com seus produtos ou serviços, lhes dê um empurrãozinho. *"Este é o meu favorito"* ou *"X geralmente é uma aposta segura"* ou *"muitas pessoas adoram esse"* ou *"as sessões de terça-feira são um pouco menores, caso você prefira"* ou *"Amy é ótima com alunos do ensino médio".* Essas frases curtas realmente ajudam a impulsionar as vendas. (Dica: se você quiser vender um produto específico mais rapidamente, dê um empurrãozinho a mais nesse produto.)

Se você esgotou o estoque, aceite o pagamento e adie a entrega. Mais tarde, descobri que poderia simplesmente vender os produtos, fazer o pedido e definir a data prevista de entrega. Isso me permitiu vender muito mais variedade, pois não precisava manter estoque. Se você esgotar o estoque, considere apenas receber o pagamento e alterar a data prevista de entrega. Você ficaria surpreso com o quanto isso funciona bem.

Os funcionários adoram não vender. Os funcionários geralmente *gostam de* ajudar os clientes a "burlar o sistema". *Deixe-os fazer isso.* Incentive os funcionários a ajudar os clientes a burlar o sistema de propósito. Seus funcionários têm conhecimento interno, então permita que eles mostrem aos clientes como obter o máximo valor do que você tem a oferecer. Todos ganham.

Veja "A jogada do 'economista'" abaixo para uma explicação visual.

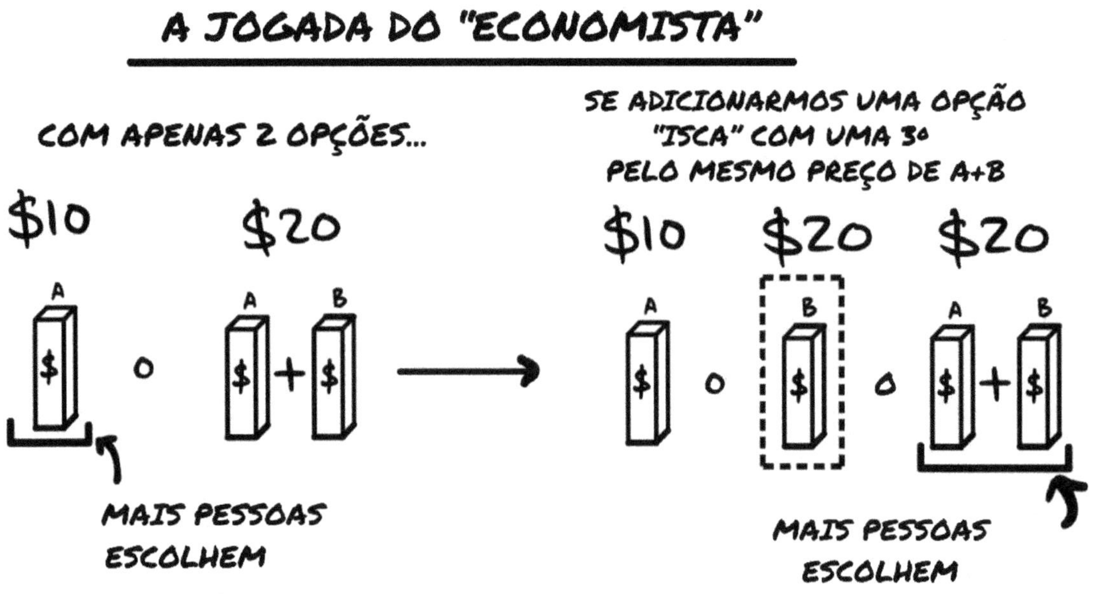

A JOGADA DO "ECONOMISTA"

Se você tem duas opções e quer que as pessoas comprem ambas

No final da década de 1990, a revista *The Economist* começou a oferecer uma assinatura digital porque mais pessoas passaram a obter notícias online. Mas também queria manter sua lucrativa assinatura impressa. Assim, pensando que as pessoas comprariam ambas, *a The Economist* ofereceu o seguinte:

A- Assinatura digital: US$ 59/ano

B- Assinatura impressa: US$ 125/ano

Resultado: as vendas impressas *despencaram,* pois os clientes migraram para a opção mais barata. Opss.

Para corrigir isso, eles adicionaram uma opção alternativa *pelo mesmo preço* do pacote:

A- Assinatura digital: US$ 59/ano

B- Assinatura impressa: US$ 125/ano

C- Assinatura digital + impressa: US$ 125/ano

Resultado: os clientes passaram a escolher a opção C - Digital + Impressa por US$ 125/ano.

Conclusão: Apresente três opções. Opção A, Opção B e Opção C (ambas)... mas faça com que o preço da opção (C) seja igual ao da opção mais cara (B). Desde que você defina os preços das opções de forma a preservar suas margens, você facilita a escolha do cliente *e vende ambas.*

Pontos resumidos

- O menu de vendas adicionais funcionam melhor quando você tem várias ofertas disponíveis.
- O menu de vendas adicionais combina até quatro táticas:
    - o Não venda: você diz aos clientes o que eles não precisam.
    - o Prescreva: Diga a eles o que eles precisam.
    - o Oferte A/B: Pergunte o que eles preferem.
    - o Por último, facilite a compra perguntando se eles querem usar o cartão já cadastrado.
- Desincentive a compra de produtos com margem de lucro menor, quando apropriado, e incentive vendas adicionais com margem de lucro maior.
- Incentive os funcionários a não vender e a "burlar o sistema" de propósito.
- Incentive os novos clientes a escolherem o que faz sentido para eles.

PRESENTE DE GRAÇA: Assista ao treinamento de menu de vendas adicionais

Raramente dou ordens. Só faz. Assista. Posso te dar uma aula magistral sobre essa venda adicional. Isso me rendeu milhões. É isso. Basta acessar acquisition.com/training/money. Sim, é gratuito. Não, você não se arrependerá. Código QR para acesso rápido e fácil.

Venda adicional âncora

A única coisa pior do que fazer uma oferta de US$ 1.000 para alguém com um orçamento de US$ 100... é fazer uma oferta de US$ 100 para quem tem um orçamento de US$ 1.000.

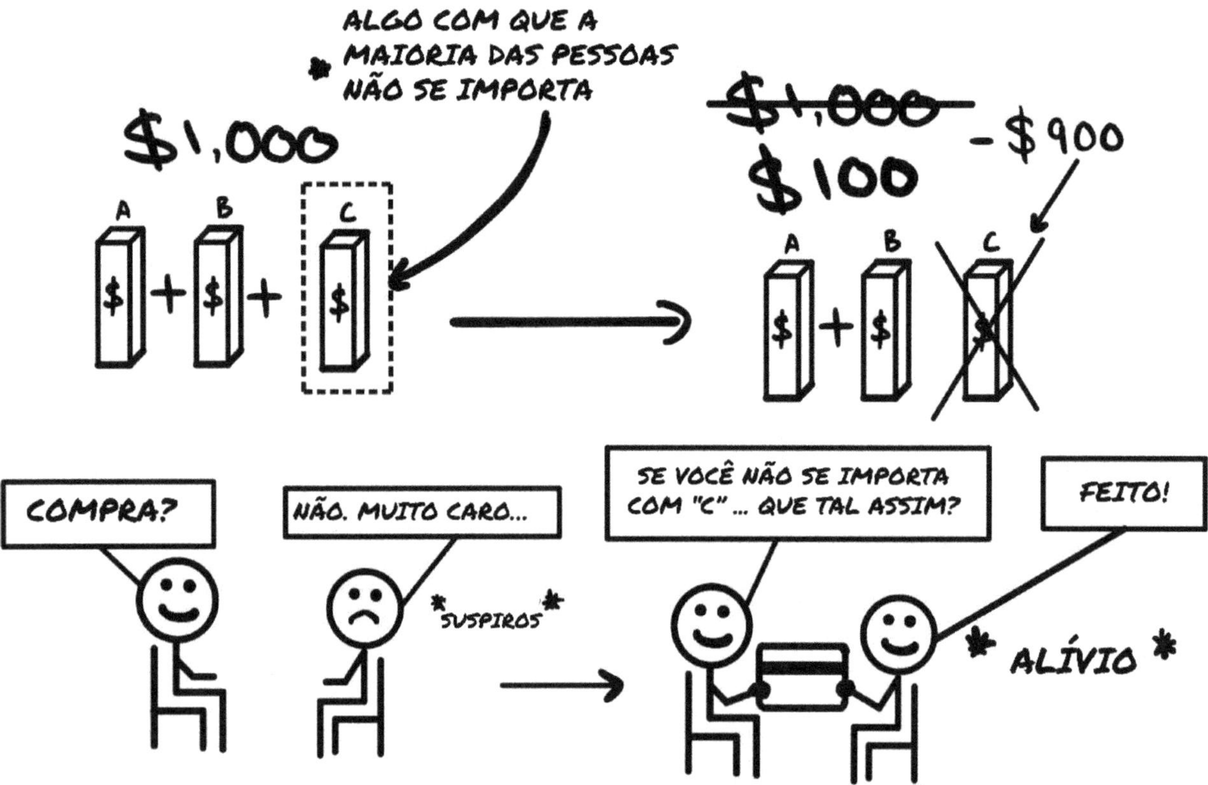

2016. Depois de começar a Gym Launch, mas antes de ganhar dinheiro.

Passei os últimos cinco anos "sem banho", vestindo moletom e regata. Mas agora eu tinha a Gym Launch, aí um amigo mais por dentro da moda me disse que eu deveria ter uma aparência mais profissional. "Empresários não usam regatas, Alex. Conheço o dono de uma loja de ternos aqui. Vou avisar ele que você vai lá." Segui o conselho dele e fui.

Então, reservei US$ 500 para comprar um terno — uma compra cara na época. Entrei na loja de ternos e conversei um pouco com o vendedor. O dono sabia que eu iria lá. *Uau.* Eu disse a ele que tinha acabado de começar um novo negócio e queria um "terno estilo chefe". Ele tirou minhas medidas e pegou dois ternos da arara. Eu vesti o primeiro.

"Como ficou? Como você se sente?"

Eu sorri. *Me senti muito bem.* Tipo um homem rico. Foi agradável. Ele falou sobre alguns acessórios, mas eu não prestei muita atenção. Eu estava "muito bem" para ouvir agora (ha!). *Isto vai ser fantástico.* Ele virou-se para falar com um funcionário. Eu virei a etiqueta do preço para poder conferir...

... *US$ 16.000.* Fiquei com a cara vermelha. Só conseguia pensar que *o meu amigo tinha pedido ao proprietário para me arranjar um tempo e eu nem sequer tinha dinheiro para comprar nada ali.* Fiquei horrorizado. Fiquei de cabeça baixa para tentar esconder o meu choque. Respirei fundo e olhei para cima. Não consegui. Ele me viu vermelho de vergonha.

Vindo me ajudar, ele perguntou: "Você se importa muito com o estilista?" "De jeito nenhum."

Quase antes de eu terminar de responder, o dono se virou rapidamente e colocou o outro terno nos meus ombros. "Experimente este para ver se serve", disse ele.

Olhei no espelho. *Parece bom.*

Então olhei para a etiqueta de preço... *US$ 2.200.*

Não eram US$ 500. Mas também não eram US$ 16.000. Suspirei de alívio.

"Sim. Este serve. Vou levar este."

Ele piscou e acenou com a cabeça. "Feito, chefe."

Ele me vendeu algumas meias, um lenço e uma camisa para combinar. No total, mais

US$ 300. Mas, depois de ver o preço de US$ 16.000 do primeiro terno, *tudo* parecia barato.

***

Quando olho para trás, vejo que essa não era a primeira vez que o dono fazia isso. Ele era um verdadeiro profissional. Gastei cinco vezes mais do que havia planejado e me senti bem com isso. Só mais tarde percebi que ele usou uma estratégia de *preço âncora.*

Descrição

Com as vendas adicionais âncora, você oferece primeiro produtos premium. Se o cliente hesitar, você oferece uma alternativa mais barata, mas aceitável.

Basicamente, se você apresentar sua oferta principal, *algumas* pessoas vão comprá-la. Óbvio. Mas, se você apresentar primeiro uma versão premium que custa 5 a 10 vezes mais, muitas pessoas vão recusar. Então, quando você apresentar sua oferta principal, ela parecerá um *negócio muito melhor*. Assim, mais pessoas vão comprá-la. Aha! Esse é o poder das vendas adicionais âncora.

As vendas adicionais funcionam melhor quando a oferta de preço mais baixo tem as mesmas *funções básicas* que a oferta premium. Por exemplo, eu não me importava muito com o estilista. Eu só precisava de um terno. Portanto, em comparação com o terno de US$ 16.000, o terno de US$ 2.200 era um *negócio muito melhor*.

As vendas adicionais âncora também têm duas vantagens incríveis. Primeiro, os clientes âncora gastam mais do que gastariam normalmente. Segundo, *alguns clientes ainda compram o produto super caro.*

Aqui estão os passos:

1) Apresente a âncora — o item bem caro.
2) Obtenha "o suspiro" — espere que o cliente se surpreenda com o custo.
3) Venha ajudar ele — pergunte se ele se importa com *o que torna o produto premium.*
4) Apresente sua oferta principal — espere que o cliente se sinta aliviado e veja a *melhor oferta.*
5) Pergunte como ele deseja pagar — *Qual cartão você prefere?*

Dica profissional: a única coisa pior do que fazer uma oferta de US$ 1.000 a uma pessoa com um orçamento de US$ 100... é fazer uma oferta de US$ 100 a alguém com um orçamento de US$ 1.000.

Na primeira situação, você perde $100. Na segunda, você perde $900. Perdi muitos clientes e muito dinheiro *porque* eles queriam mais do que eu tinha para oferecer. Que pena. Agora, tenho sempre à disposição ofertas premium. Apenas alguns clientes as compram, mas esses poucos clientes trazem *grandes lucros*. Portanto, tenha sempre ofertas premium, *mesmo que a maioria das pessoas não as compre*. Lembre-se: você não perderá clientes por oferecer produtos premium primeiro, *mas perderá dinheiro se não o fizer.*

Exemplos

Serviço local: serviço de jardinagem

Âncora premium: tenha meu número de celular particular, cobertura vegetal sofisticada, controle natural de pragas, manutenção quinzenal do jardim — US$ 1.000 por semana

Oferta principal: tenha o número da minha equipe, cobertura vegetal comum, controle normal de pragas, manutenção quinzenal do jardim — US$ 200 por semana

Produto físico: pintura

Âncora premium: Embalagem superprotetora + seguro de 20 anos + embrulho para presente = US$ 1.000

Oferta principal: Embalagem normal + 1 ano de seguro + adesivo = US$ 200

Produto digital: Boletim informativo

Âncora premium: Todas as edições anteriores + novas edições + 24 horas de antecedência = US$ 199/mês

Oferta principal: Apenas novas edições + pontualidade = US$ 19/mês

Observações importantes

Se você tratar a âncora como uma farsa, o cliente vai fazer o mesmo. Algumas pessoas ouvem falar dessa técnica. Experimente. Ignore a oferta premium. *E depois diga que não funciona.* Mas se você fizer isso, a pessoa nunca irá realmente considerar ela, porque você não ofereceu de verdade. Você *apenas fingiu.* Para que funcione, você precisa realmente vender e eles precisam considerar de verdade. Somente depois que eles pararem, hesitarem ou pedirem por outra coisa, você passa para a próxima etapa.

Faça uma oferta premium que você realmente queira que as pessoas comprem. Um amigo meu teve dificuldade para fazer isso funcionar. Eu só precisei de uma ligação para descobrir o problema. Ele inventou uma história que na verdade ele nem queria que os clientes caíssem. Então a gente ajustou a oferta para algo que ele *realmente* ficaria feliz em entregar se alguém pagasse... e eles pagaram. *Triplicando seus lucros.* Apresente sua oferta premium como algo que você *quer mesmo* que as pessoas aceitem. E quando você fizer isso, algumas vão aceitar. E se não aceitarem, você ainda assim as conquistou.

Uma âncora boa provoca "o suspiro". Quando você faz uma venda adicional âncora corretamente, os clientes têm pequenos ataques de pânico. Eu chamo isso de "o suspiro". Os suspiros costumavam me estressar muito. Mas então percebi algo importante. Quanto maior o suspiro, mais eles compravam.

Depois de causar espanto, venha para socorrer. Nessa história, eu dei a "suspirada". Então, o vendedor profissional salvou meu ego perguntando se eu me importava com o estilista. Quando respondi que não, ele apresentou o outro terno. Ponto importante: ele já tinha o terno de 1/8 do preço pronto antes da minha reação. Ele *sabia* que eu provavelmente ficaria surpreso. E se seus clientes não ficarem surpresos, então eles provavelmente acham sua oferta premium razoável... então basta perguntar se eles querem usar o cartão já cadastrado (ha! Vá em frente!). Só não fique surpreso quando eles disserem que sim. De nada. Você pode me pagar uma cerveja mais tarde.

Para que mais pessoas comprem sua oferta principal, faça dela o melhor negócio. Só dê um ajuste em algumas características da sua oferta premium e crie sua oferta principal. Toda oferta tem suas características. Algumas características são mais importantes do que outras. Você quer que as características principais permaneçam as mesmas. Poucas pessoas se importam com as características secundárias, *então mude essas.* Isso permite que os clientes obtenham as mesmas características principais e um *negócio muito melhor.* A maioria das pessoas só quer um terno. Só algumas pessoas querem um terno sofisticado. O terno é a característica principal. O material, o estilista e etc. são coisas secundárias. Após a ancoragem, oferecer as características principais por um quinto do preço torna a oferta principal um ótimo negócio.

Resumo

- Se você apresentar uma oferta mais cara antes de uma oferta mais barata, mais pessoas vão comprar a mais barata do que comprariam se você só tivesse apresentado a mais barata.
- Apresente a âncora. Provoque o suspiro. Venha socorrer. Apresente a oferta principal. Peça pelo pagamento.
- Para obter a melhor âncora, torne sua oferta premium 5 a 10 vezes mais cara.
- Os clientes ancorados gastam um pouco mais do que planejavam.
- Não trate a âncora como uma farsa, se não o cliente também vai fazer isso. Você perde a confiança dele *e* desperdiça tempo.

- Importante: alguns clientes vão comprar a oferta premium.
- Ofertas premium caras geram lucros exorbitantes com menos vendas.
- A oferta principal e a oferta premium devem ter as mesmas características principais.
- A oferta premium tem recursos secundários diferentes – também conhecidos como "recursos premium".
- Após a âncora, oferecer as características principais por um quinto do preço torna a oferta principal um ótimo negócio. Isso dá a eles "basicamente a mesma coisa" só que por muito menos.

PRESENTE DE GRAÇA: Treinamento de venda adicional âncora

Isso pode te ajudar a obter lucros absurdos da noite para o dia. Um verdadeiro "mudador" de vida. Fiz um vídeo adicional para você sobre isso. Não se preocupe, é gratuito. Assista em acquisition.com/training/money. Coloquei um código QR para um acesso rápido e prático.

Venda adicional com aproveitamento de crédito

Quer apenas transferi-la?

Junho de 2014.

Eu vinha oferecendo uma promoção "Ganhe seu dinheiro de volta" (Oferta de atração nº 1) na minha academia durante o último ano. Um programa de treino de US$ 600 em que os membros da academia podiam ganhar seu dinheiro *de volta se atingissem uma meta.* Foi um sucesso. Vendi muitos deles.

Mas havia um problema. Boas academias têm muitas receitas recorrentes. *Eu não tinha nenhuma.* A maioria dos vencedores investia seus US$ 600 em três meses de assinatura. Beleza. Mas então eles desistiam antes mesmo de fazer o primeiro pagamento. Então, basicamente, eu vendia "compre seis semanas e ganhe três meses grátis". Depois, eles iam embora. Não estava tudo bem.

Esses US$ 600 dólares eram a minha única fonte de renda. Portanto, mesmo tendo conseguido atrair muitas pessoas, minha receita começava zerada todo mês. Era estressante. Eu precisava descobrir uma maneira melhor de aumentar o lucro.

Foi quando meu amigo Justin postou como ele adicionou *mais* cem membros à sua receita recorrente. Ele também atraiu clientes com uma oferta de ""Ganhe seu dinheiro de volta". Mas tinha uma diferença: meus clientes foram embora, já *os dele continuavam comprando.* Então, eu me convidei para ir até ele, para espiar. Ele não deu bola. Passei dois dias lá. Ele e eu fazíamos algumas coisas de maneira diferente, mas nada que explicasse por que ele estava indo *tão* melhor do que eu.

"Tem muita gente recuperando o dinheiro que apostou?"

"Sim", ele disse.

"Então, como você lida com todo o tempo livre que tem para distribuir?"

"Tempo livre? Ha! Eu só *transfiro* os ganhos deles para uma assinatura anual."

"O quê?"

"É, temos que fazer isso para poder distribuir o dinheiro."

"Distribuir o dinheiro? Do que você está falando?"

"Sério? Quê? Você dá tudo de uma vez?" Ele nem esperou minha resposta. "Nós apenas damos a eles 50 dólares de desconto por mês durante um ano."

"Então, mesmo tendo recuperado o dinheiro, *eles já começam a pagar imediatamente?"*

"Claro. Não quero que as pessoas parem de pagar. Que tipo de negócio tem clientes que não pagam?" Ele riu. "Eles recebem o dinheiro de volta... só que demora um ano."

Foi um boom! Era isso. O elo que faltava no meu Modelo de Dinheiro.

***

Essa única coisa, a "Venda adicional com aproveitamento de crédito", mudou minha vida, a vida de milhares de proprietários de academias e a vida de nossos clientes. A "Venda adicional com aproveitamento de crédito" mudou *tudo.*

Agora, em vez de *esperar* que os clientes gastem dinheiro novamente, eu transfiro o custo do que eles acabaram de comprar *para a próxima compra.* E, quando combinado com ofertas mais caras, isso faz os lucros de 30 dias dispararem.

E embora eu tenha aprendido a "Venda adicional com aproveitamento de crédito" dessa forma, você não precisa de uma oferta atraente do tipo "Ganhe seu dinheiro de volta" para usá-la. Você pode fazer uma "Venda adicional com aproveitamento de crédito" *com qualquer pessoa e qualquer coisa*. (Até mesmo com coisas que as pessoas compraram em outras empresas... muahaha).

Descrição

A "Venda adicional com aproveitamento de crédito" distribui parte ou até todas as compras anteriores de um cliente na sua próxima oferta. E isso, na minha experiência, faz com que *muito mais* pessoas aceitem a proposta. Então, depois de saber quanto crédito dar, eu decido três coisas: para *quem* fazer a venda adicional, o *que* vender e *como* transferir o crédito.

Para *quem* - Eu uso as vendas adicionais com aproveitamento de crédito em quatro situações:

Primeiro, para reengajar clientes que saíram há um certo tempo.

Segundo, para resgatar clientes insatisfeitos com uma alternativa melhor do que um reembolso.

Terceiro, para "socorrer" clientes insatisfeitos *de outras pessoas*.

Quarto, para fazer vendas adicionais a clientes regulares.

Quanto ao *quê*, lembre-se, você pode vender *mais do que eles acabaram de comprar*, *algo melhor* ou *algo novo e diferente*. Para ganhar dinheiro: transfira o crédito deles para algo mais caro.

Quanto ao *como*, você pode aplicar todo ou parte do desconto antecipadamente ou distribuí-lo ao longo do tempo.

Exemplos de vendas adicionais com aproveitamento de crédito

Quiroprático: *reengaje pacientes antigos com uma campanha de "reconquista".*

Quem: Clientes que fizeram seu último pagamento seis meses atrás O quê: Novo plano Como: Antecipadamente.

Entre em contato com seus antigos pacientes. Analise o histórico de pagamento deles. Ofereça a possibilidade de aplicar parte ou todas as compras anteriores em algo mais caro do que o que eles compraram.

Ex: *"Olá, Sra. Banks, gostaria de lhe devolver o seu dinheiro. Você tem um minuto? Ótimo. Gostaria de saber como está a sua dor nas costas. Puxa, sinto muito por isso. Bem, tenho boas notícias. Como forma de agradecimento, gostaria de devolver US$ 500 do seu dinheiro como crédito para que você fique livre da dor para sempre. Você tem interesse? Ótimo... vamos lá..."*

Dentista: *salve seu cliente insatisfeito com uma venda adicional*

Quem: Cliente insatisfeito O quê: Clareamento dental Como: Crédito inicial de US$ 200.

A pessoa paga US$ 200 pela limpeza dentária, mas não acha que seus dentes ficaram mais brancos. Explicamos que ela precisa de mais coisas para obter melhores resultados e vendemos um pacote de clareamento dental que inclui várias sessões, um kit para uso doméstico e várias limpezas profundas. Você oferece creditar os US$ 200 que ela pagou pela limpeza no pacote de clareamento.

Software: *Resgate (*Cof, cof* Roubo) de clientes insatisfeitos de outras pessoas*

Quem: Clientes dos concorrentes O quê: Contrato de serviço Como: Transferir o custo para rescindir o contrato antigo.

Você encontra clientes insatisfeitos da concorrência e credita as compras antigas desses clientes com a concorrência para uma nova compra com você. Transfira o valor que eles devem para os outros como crédito para um contrato mais longo com você.

Exemplo: *"Oi, John, vi sua avaliação negativa sobre o produto deles e fiquei bem chateado por isso. Para compensar pra você, vou creditar todos os pagamentos que você ainda deve a eles para que você mude para o nosso produto. Dessa forma, você não perde nada e começa a ter os benefícios agora. O que você acha?"*

Associação: *distribua a primeira compra ao longo de um prazo*

Quem: Clientes atuais O quê: Associação de 12 meses Como: Distribua o valor da primeira compra.

Alguém compra um pequeno pacote de serviços ou tempo de assinatura. Assim que isso acontecer, você pode oferecer a aplicação do valor total para um período mais longo, como 12 meses. Posso fazer a venda adicional de renovação a qualquer momento, mas prefiro fazer naquele momento. Ao fazer isso, você pega o custo da primeira compra e aplica ele como um desconto sobre o contrato mais extenso. Por exemplo, uma primeira compra de US$ 600 dá direito a um desconto de renovação de US$ 50 por mês durante 12 meses.

Observações importantes.

Use ofertas de aproveitamento de crédito para atrair novos clientes. Por exemplo, você transfere parte ou todo o valor que os clientes pagaram a outra pessoa *para o seu produto.* Você pode encontrar leads para isso coletando informações de contato de avaliações negativas de produtos, quando elas existem. E voilà: uma nova lista de leads que precisam do que você tem a oferecer. Bônus: crie uma maneira para as pessoas reclamarem sobre produtos do seu setor (pense em qualquer mídia onde as pessoas possam deixar comentários). Em seguida, faça uma venda adicional para todos eles. Que malvado.

Faça vendas adicionais de aproveitamento de crédito *antes* de dar um reembolso. Isso me poupou muitos clientes e dinheiro. Se você fez um trabalho ruim (o que pode acontecer), tente novamente. E se eles quiserem algo diferente, transfira a compra deles para esse produto.

Os clientes anteriores continuam sendo clientes. Faça vendas adicionais para eles. Entre em contato com clientes antigos (que não compraram nos últimos seis meses). Veja quanto eles pagaram antes. Decida quanto você está disposto a aproveitar deste crédito. Faça a oferta. Faça isso pra valer. Eu chamo isso de "campanhas de reconquista". Fiz vídeos personalizados para 200 clientes antigos, oferecendo a eles US$ 4.000 em crédito para que voltassem. Conseguimos que cerca de 20% aceitassem a oferta. Um dia gravando vídeos nos rendeu cerca de US$ 1.900.000 a mais em receita anual. Vale a pena.

Dê urgência às vendas adicionais de aproveitamento de crédito. Torne-as únicas. Se você for ousado, faça com que o momento em que você apresenta a oferta seja o momento de aceitá-la. Como uma oferta única na vida do cliente. *Eles não podem passar a noite pensando no assunto.* E sim, eu sei que eles podem não estar esperando por isso. E esse é o ponto! Você quer surpreender e conquistar. Então, se eles querem o crédito, precisam aceitar *agora.* Se não, tudo bem. Eles ainda podem pagar o preço total mais tarde.

Como definir o preço da sua venda adicional de aproveitamento de crédito. Para ganhar dinheiro com uma oferta promocional, você tem que ter lucro mesmo depois de aplicar o desconto. Já que eu prefiro ter lucro, tento fazer a oferta de venda adicional pelo menos quatro vezes maior do que o aproveitamento de crédito. Assim, mesmo que aplique o valor total da primeira compra, o desconto *será de no máximo* 25%. Lembre-se de que as regras de desconto se aplicam. Descontos maiores reduzem o lucro por venda, mas geram mais vendas.

Você não precisa creditar o valor total da primeira compra. Você pode transferir o valor que desejar da primeira compra. Eu transfiro o valor que considero necessário para incentivá-los a comprar o próximo item. Faça testes para encontrar o ponto ideal.

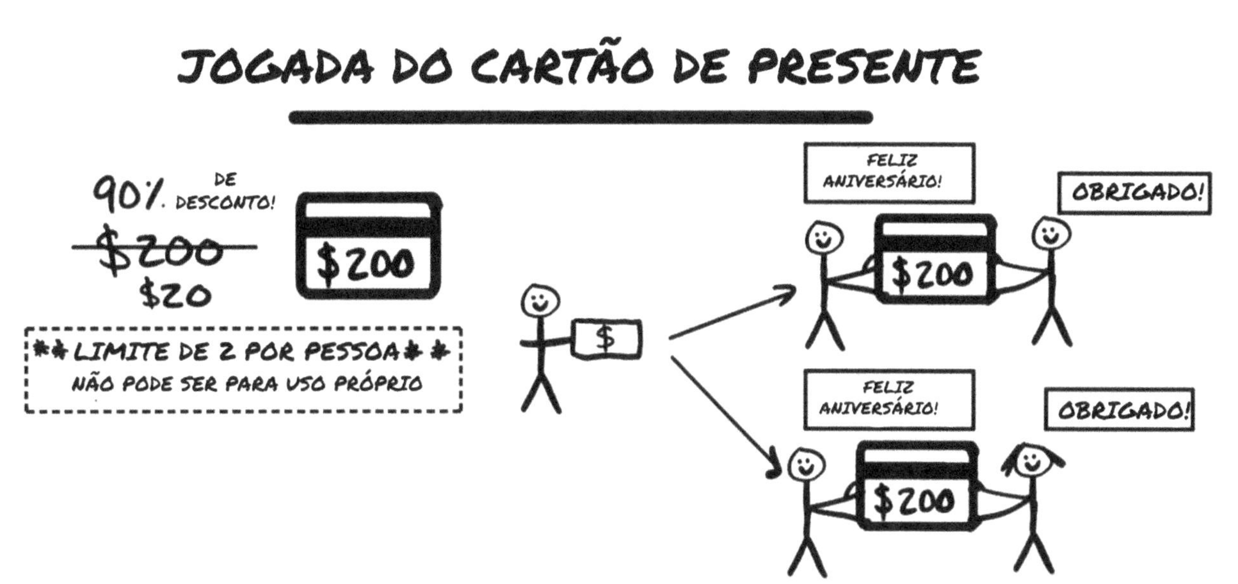

Minha "famosa" jogada com cartões-presente. Você pode usar a venda adicional com aproveitamento de crédito como uma oferta atraente para clientes novos *e* atuais, anunciando cartões-presente com mais de 90% de desconto. Exemplo: cartões-presente de US$ 200 por US$ 20. Limite a compra a dois por cliente e diga *que eles só podem ser usados por outras pessoas*. Eles compram como presentes e dão para seus amigos. Isso torna a oferta ótima para as festas de fim de ano.

Quando os clientes comprarem o cartão-presente, pergunte para quem eles querem dar e se eles vão fazer uma apresentação. Então, quando eles vierem, transfira o cartão-presente. Defina o *valor* do cartão-presente como 20% do preço do que você deseja vender em seguida. No nosso exemplo, vendemos um cartão-presente de US$ 200 por US$ 20. Em seguida, aplique esse valor de US$ 200 a uma oferta com preço mínimo de US$ 1.000. As pessoas te pagam para indicar os amigos delas. É ótimo. Além disso, você ganha um trocado com os cartões-presente não utilizados.

Pontos resumidos

- As vendas adicionais com aproveitamento de crédito atribuem parte ou a totalidade das compras anteriores de um cliente à sua próxima oferta.
- Para fazer vendas adicionais com aproveitamento de crédito, descubra para quem vender, o que vender e como aproveitar o crédito.
- A quem vender: clientes antigos, clientes insatisfeitos, clientes insatisfeitos de outras pessoas, clientes atuais.
- O que vender: mais de alguma coisa, algo melhor, algo novo ou diferente. Certifique-se de obter lucro após aplicar o crédito.
- Como transferir o crédito: Preço total ou parcial da compra. Dado de uma vez ou distribuído.
- Defina o preço da sua próxima oferta *pelo menos* 4 vezes superior ao crédito. Isto representa um desconto de 25%.
- Para atrair mais compradores, acrescente urgência. Faça da sua oferta de aproveitamento de crédito uma oferta única.

PRESENTE DE GRAÇA: Treinamento em vendas adicionais com aproveitamento de crédito

Esta é a técnica de venda adicional que utilizo com mais frequência. Tem uma urgência elegante incorporada + boa vontade. Fiz um vídeo para você, revisando parte do roteiro, para que possa ver como eu faço. É gratuito. Não é necessário se inscrever. Assista em acquisition.com/training/money. Coloquei um código QR para um acesso rápido e prático.

Conclusão: ofertas de vendas adicionais

Resolva os problemas das pessoas ricas, o pagamento delas é melhor.

Sempre que você oferecer algo *em seguida*, você está fazendo uma venda adicional. As vendas adicionais desempenham um papel fundamental nos Modelos de Dinheiro, afinal permitem obter mais dinheiro dos clientes *de forma mais rápida* do que seria possível em outra situação. E se a sua Oferta de Atração já cobre os custos de obtenção de clientes e entrega, *mais dinheiro não é nada mau.*

Mostrei a você as quatro técnicas de vendas adicionais mais poderosas que utilizo: a venda adicional clássica, menu de vendas adicionais, a venda adicional âncora e a venda adicional com aproveitamento de crédito. Elas são fundamentais para o sucesso do meu negócio. A venda adicional muda tudo. Muitas empresas param de "queimar dinheiro" e começam a "imprimir" — *da noite para o dia.*

Mas, como você sabe, os negócios nem sempre são fáceis. Às vezes, *as pessoas dizem não*. Isso nos leva ao próximo componente do Modelo *de Dinheiro de US$ 100 milhões* — Ofertas de redução de venda: *o que fazer quando eles dizem não...*

SEÇÃO IV: OFERTAS DE REDUÇÃO DE VENDA

O que oferecer quando eles dizem não.

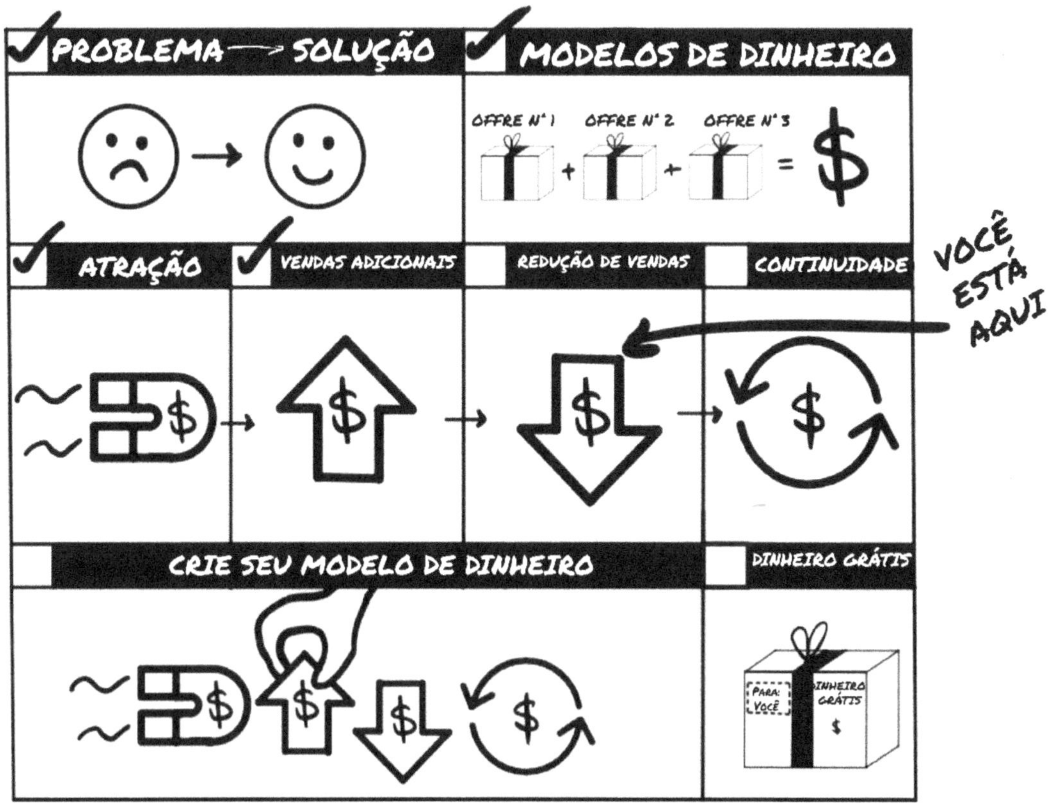

Na última seção, usamos ofertas de vendas adicionais para fazer com que as pessoas comprassem mais produtos. Se fizemos um bom trabalho, também obtivemos lucro. Mais um passo à frente! Ótimo... mas e se eles recusarem? → *Fazemos uma redução da venda.*

A redução de venda ajusta a oferta original para encontrar a solução de maior valor *de acordo com o orçamento do cliente.* Portanto, qualquer oferta que você fizer depois que alguém disser "não" é uma redução da venda.

Eu faço a redução da venda de duas maneiras. Mudo a forma como *eles* pagam ou *o que recebem*. Em relação à forma como pagam, equilibro o valor que eles pagam agora com o valor que pagam ao longo do tempo. Em relação ao que recebem, mudo a quantidade, a qualidade ou ofereço algo diferente.

Primeiro, abordaremos minhas regras para fazer a *redução da venda — elas se aplicam a todos os meus processos de redução.* Depois, quando entrarmos em ofertas individuais, você poderá começar a colocar em prática imediatamente e fazer suas reduções como um profissional.

Como não fazer redução de vendas — uma história real de uma amiga.

"Eu estava comprando um carro e o vendedor tentou me vender um seguro. O preço do seguro quando ele começou era de US$ 5.000. Eu recusei. Mas então, ele baixou o preço. E eu disse não de novo. Ele continuou baixando o preço até que o ***mesmo seguro que ele ofereceu inicialmente*** *por US$ 5.000 passou a custar apenas US$ 400! Eu ainda disse não. No início, recusei porque era muito dinheiro, mas no final recusei porque não confiava no vendedor. Tudo começou a parecer desonesto. Então me perguntei: será que ele estava me enganando com o carro também? Agora, eu já não queria nem comprar o carro dele!"*

As pessoas baixam o preço para fechar vendas. Mas mesmo que você feche essa venda, o cliente vai questionar todos os preços que você oferecer a partir desse momento... e vai contar para quem ele quiser. Você acaba trocando confiança por dinheiro. Não vale a pena.

Observação: você pode oferecer algo diferente por menos. Você só não pode oferecer a *mesma coisa* por menos. Se ele tivesse oferecido um seguro *diferente* por menos, em vez *do mesmo* seguro por menos, provavelmente teria preservado a confiança dela e fechado a venda.

As regras da redução de venda

REDUÇÃO DE VENDAS

Lembre-se, eles recusaram *esta* oferta, não *todas* as ofertas. Às vezes (muitas vezes) as pessoas dizem **não**... *e tudo bem*. Só porque eles recusaram *esta oferta* não significa que recusaram *você*. Dói quando alguém nos rejeita. Eu entendo. Mas veja isso pelo que realmente é: uma oportunidade de descobrir o que eles realmente querem e lucrar com isso.

Em vez de esconder e desistir, continue no seu lugar e faça outra oferta. *"Não é não" para essa coisa, não para todas as coisas.*

As reduções de venda são negociações. Ao fazer uma redução de venda, você trabalha com o cliente para encontrar formas de dar e receber até chegarem a um acordo. *Se você vai dar algo, receba algo em troca.*

Personalize, não pressione. Descubra o que eles gostam e o que não gostam. Em seguida, ofereça mais do que eles gostam e menos do que não gostam, *com um preço adequado.* Você está personalizando. Se alguém recusar minha oferta de refrigerante grande, posso oferecer alternativas. Posso perguntar se querem um pequeno, um suco ou um café. Estou sendo ofensivo ao perguntar? Claro que não. Na verdade, se eu posso dar um atendimento melhor, seria ofensivo *não perguntar.*

Ofereça as mesmas coisas de jeitos diferentes. Em um mundo perfeito, você tem toneladas de coisas diferentes para vender, para que todos comprem algo. No mundo real, você limita sua redução de vendas ao que você tem. Caso contrário, você cria produtos (e problemas) equivalentes a cem empresas. Uma escolha tola. Então, pense nas reduções de vendas como cem jeitos diferentes de oferecer o que você já tem.

Não baixe o preço só para conseguir um comprador. Em primeiro lugar, baixar o preço não é realmente uma redução de venda, é um desconto. Se alguém quer o que você tem, mas não quer pagar o preço, azar o dela... Por outro lado, você *pode* oferecer a essa pessoa a possibilidade de pagar menos *agora* e mais dinheiro ao longo do tempo — um plano de pagamento. Mas, faça o que fizer, não altere o preço só para conseguir um comprador, porque...

Os clientes falam sobre preços. Por favor, teste os preços. Planeje oferecer seu produto a um preço específico, para um número específico de pessoas, *com antecedência.* Isso é bem diferente de cobrar menos de alguém agora só porque você ficou com medo de perder a venda *naquele instante*. Os clientes conversam entre si. Se descobrirem que alguém comprou o mesmo produto por menos *por qualquer razão* — você vai deixar as pessoas chateadas. E isso também é um problema ético, pelo menos para na minha percepção. Evite isso.

A seguir...

Eu uso três processos de redução de venda simples e extremamente eficazes:

- Redução por plano de pagamento (*como eles pagam*)
- Teste com penalidade (*como eles pagam*)
- Vendas com redução de recursos (*o que eles ganham*)

Esses processos de redução de vendas aumentam ainda mais o lucro em 30 dias. Eles fazem isso gerando ainda mais vendas em situações que os clientes teriam dito não. E eu adoro essas técnicas porque, com apenas alguns ajustes, você pode adaptar para o seu negócio e ter os resultados hoje mesmo.

PRESENTE DE GRAÇA: Treinamento em vídeo sobre ofertas de redução de vendas

As pessoas dizem não. Não se frustre. Tenha foco. Saiba o que você vai oferecer em seguida. Eu fiz um vídeo para explicar este capítulo em detalhes para você. Assista gratuitamente em acquisition.com/training/money. Coloquei um código QR para um acesso rápido e fácil.

Redução de venda por plano de pagamento

Quanto você pode pagar hoje?

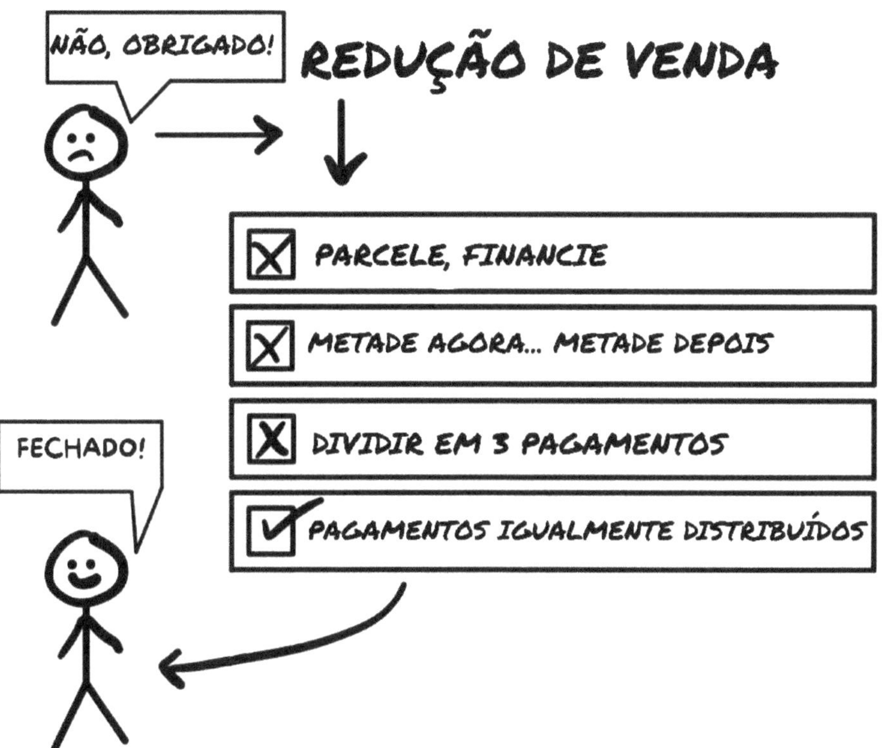

Agosto de 2013.

Era o meu primeiro mês no negócio. Eu tinha no meu nome exatamente um mês de aluguel... e *nunca tinha conseguido que um estranho me desse dinheiro.* E agora, eu tinha que conseguir que dezenas de estranhos me dessem dinheiro nas próximas semanas — só para não ter a luz cortada.

Na primeira semana, só fiz umas poucas vendas. Se continuasse assim, muito breve iria estar passando fome. Tinha pesadelos onde voltava para casa sendo um fracasso. Essa ideia era insuportável. Estava desesperado.

Na manhã seguinte, uma possível cliente entrou e eu fiz a minha apresentação normal. Ela disse: "Eu não consigo bancar isso". Normalmente, eu simplesmente desistiria. Mas eu precisava *muito* do dinheiro. Então, no meu desespero, eu soltei: "OK, quando é seu pagamento?"

"No primeiro dia do mês."

"Certo, você paga metade agora e a outra metade quando receber seu salário."

"Também não tenho condições para isso."

"Certo... você realmente quer fazer esse programa?"

"Sim, eu quero."

"E se você fizer três pagamentos, aí paga um terço hoje?"

"Ainda assim, não consigo."

"Hmm... O que você *pode* fazer?

"Pra falar a verdade, nada. Mas eu posso pagar tudo no primeiro dia do mês."

Meu aluguel vencia no dia cinco. *Bingo*. "Parece bom. Me dê seu cartão e eu cobrarei no dia dois. Tudo bem?"

"Sim, ótimo!"

Duas semanas depois, utilizei o cartão *e funcionou.* O meu primeiro plano de pagamento foi um sucesso.

Aleluia.

***

A reduções por planos de pagamento funcionam independentemente do número de zeros no preço. Ganhei dezenas de milhões de dólares com eles e ainda os uso até hoje. Mas os planos de pagamento são uma aposta. Por isso, é preciso saber como usá-los. Eu sei bem *como* usar eles e vou te mostrar exatamente como.

Os planos de pagamento são uma aposta, pois podem gerar lucro de uma forma, *mas também podem causar prejuízo de duas.* Eles geram mais lucro quando você conquista mais clientes e esses clientes fazem seus pagamentos. Eles geram menos lucro quando as pessoas cancelam antes de você ter lucro. Você perde mais quando as pessoas que pagariam integralmente optam por um plano de pagamento, mas cancelam antecipadamente.

Este capítulo maximiza o dinheiro que você ganha com planos de pagamento e minimiza o dinheiro que você perde. Eu aceito a aposta quando sei que vou ganhar. Com este manual, você também pode.

Descrição

Quando a maioria das pessoas pensam em "redução de venda", pensam em uma quantidade menor, qualidade inferior, preço mais baixo e assim por diante. É compreensível. Mas eu gosto de fazer uma redução de venda oferecendo o mesmo produto de novo. Sei que parece loucura, mas me escuta: Em vez de oferecer algo diferente, eu distribuo o custo cobrando parte dele adiantado e colocando o restante em pagamentos programados. Chamo isso de Redução de Venda por Plano de Pagamento. Vamos ver como funciona.

Muitas pessoas rejeitam as ofertas porque "é muito caro". Às vezes isso é verdade. Mas, em resposta a isso, os empresários e outros profissionais de vendas imediatamente oferecem descontos ou vendem produtos mais baratos *apenas para que as pessoas aceitem a oferta*. No entanto, na maioria das vezes, esse "é muito caro" *significa, na verdade*, "é muito caro *agora*". Em outras palavras, as pessoas acham que os descontos funcionam porque pagam menos pelo produto. Mas, quando se analisa mais a fundo, percebe-se que é porque pagam menos *agora*. Portanto, os planos de pagamento oferecem o melhor dos dois mundos. Eles atraem mais compradores porque os clientes pagam menos num primeiro momento. Mas também aumentam seus lucros porque os clientes ainda pagam o preço total ao longo do tempo.

Meu processo de redução por plano de pagamento envolve até sete etapas. O processo muda de receber mais agora para receber mais ao longo do tempo. Eu paro no momento que eles compram. Aqui estão as etapas:

1) Recompensar o pagamento integral em vez de punir o pagamento ao longo do tempo
2) Oferecer financiamento de terceiros, cartão de crédito, opções de parcelamento
3) Oferecer metade agora e metade depois
4) Verificar se eles ainda querem o produto
5) Oferecer a divisão em três pagamentos
6) Oferecer pagamentos distribuídos igualmente
7) Ofereça um teste gratuito

Vamos analisá-los em ordem.

Exemplo de processo de redução de venda por plano de pagamento

Passo 1) Recompense o pagamento integral em vez de punir o pagamento parcelado. Se eu assumo o risco de um plano de pagamento, eu aumento o preço. As empresas normais fazem isso cobrando juros. Mas eu faço isso oferecendo um desconto *se eles pagarem integralmente.*

Pense em como as empresas normalmente cobram juros — elas basicamente dizem... *"São 10 dólares se você pagar agora, mas são 15 dólares se você pagar ao longo do tempo, porque cobramos 5 dólares de juros."* Não é divertido.

Em vez disso, eu digo: *"São 15 dólares... mas são 10 dólares se você pagar antecipadamente. Você economiza 5 dólares... é o que a maioria das pessoas faz".* Para fazer isso, apresento o preço *com os juros incluídos.* Em seguida, ofereço o pagamento antecipado como forma de obter um desconto. Dessa forma, tornamos a oferta mais amigável *e* nos beneficiamos de uma âncora no preço. A matemática é a mesma, mas soa melhor.

Se eles recusarem, eu começo a redução de venda. Mas, ainda assim, tento receber o pagamento primeiro...

Passo 2) Ofereça opções de financiamento por terceiros, cartão de crédito e parcelamento.

Financiamento por terceiros: isso significa que outra empresa me paga agora e o cliente tem um plano de pagamento *com essa outra empresa.* Concessionárias de automóveis fazem isso o tempo todo. A concessionária recebe o dinheiro da empresa de financiamento hoje, e o cliente paga à empresa de financiamento amanhã.

Observação: dá trabalho conseguir um financiamento de terceiros. Mas o esforço vale totalmente a pena.

Cartão de crédito: Basta perguntar "você prefere que eu decida as condições de pagamento ou você mesmo decide?" Eles dizem que preferem decidir. Quando isso acontece, eu digo para usarem um cartão de crédito. Assim, recebo o pagamento hoje e eles podem pagar à empresa do cartão de crédito ao longo do tempo. Para mim, é incrível que essa reformulação funcione. Mas funciona. Eu não julgo, só faço.

Parcelamento: Esse parcelamento significa pagar pelo produto *antes* de receber. Os clientes podem fazer quantas parcelas quiserem. Eles podem levar o tempo que for razoável para pagar. Mas só recebem o produto *depois de pagarem tudo.* Essa é, *de longe,* a opção mais flexível para eles e de menor risco para nós.

Se eles recusarem essas opções, passo para a etapa 3.

Passo 3) Ofereça "Metade agora, metade depois". Começo perguntando *"Quando será o seu próximo pagamento?"* Depois, pergunto *"Quer pagar metade hoje e o restante quando receber o pagamento?"* Se não for possível, pergunto *"Qual é o máximo que você pode pagar hoje?"* Quando oferecerem um valor, diga *"Ótimo. Vamos pagar isso hoje e o restante quando você receber seu salário. Tudo bem?"* Gosto de programar os pagamentos com base nos salários, já que a maioria das pessoas recebe seu salário a cada duas semanas. Isso aumenta o lucro de 30 dias muito mais do que parcelas mensais.

Se eles não conseguirem fazer isso... eu faço uma pausa para ter certeza de que eles realmente querem isso.

Passo 4) Verifique se eles ainda querem o produto. Nenhum plano de pagamento vai satisfazer um cliente que não quer o produto. Portanto, se certifique de que ele realmente quer o seu produto antes de se esforçar mais para vendê-lo. Eu poderia dizer algo como *"Entendi. Então, a grana tá curta agora. Só uma coisa. Para ter certeza. Em uma escala de 1 a 10, o quanto você quer fazer isso?"* Se eles responderem 8 ou mais, continue oferecendo planos de pagamento e diga: *"Ótimo. Não se preocupe. Vamos descobrir um jeito de fazer isso acontecer para você."* Se ela disser 7 ou menos, pergunte *"Por que não um 10?"* e, em seguida, diga algo como *"Você está certa. Acho que temos algo que pode ser mais adequado para você."* Então, venda algo diferente (Vendas de recursos reduzidos — um pouco mais adiante).

Passo 5) Ofereça a opção de dividir em três pagamentos. Se eles responderem de 8 a 10 na escala, eu reduzo a oferta de metade para um terço. Ofereço uma opção de três pagamentos: ⅓ agora e ⅓ nos próximos dois salários — ou — ⅓ agora e ⅓ nos próximos dois meses.

Passo 6) Ofereça pagamentos distribuídos uniformemente. Se eles ainda não conseguirem pagar, distribuo os pagamentos uniformemente pelo restante do serviço. Por exemplo, a Gym Launch durou dezesseis semanas, então cobrei semanalmente (dezesseis vezes no total). Se isso ainda dá problemas, vou para o passo 7.

Passo 7) Ofereça um teste gratuito. Eu ofereço testes gratuitos de uma forma especial. Por isso, dediquei o próximo capítulo a isso. Mas a venda termina aqui. Pelo menos por agora.

Esse processo de redução de venda por plano de pagamento oferece até *nove* ofertas. E se você acha que isso é loucura, provavelmente está ganhando muito menos dinheiro e atendendo muito menos clientes do que poderia.

Observações importantes

Redução de Vendas "Gangorra". Se preferir menos etapas ou tiver vendedores menos experientes, pode usar este processo de redução de venda por plano de pagamento. Em vez de pedir o valor total, basta perguntar: *"Você prefere pagamentos mensais bem altos ou baixos?"* Eles vão dizer baixos. Então você diz: *"Normalmente custa XXX. E se você pagar tudo hoje, vai ter um grande desconto e nenhum pagamento mensal. Certo?"* Isso apresenta o plano de pagamento como algo negativo e destaca os benefícios do pagamento antecipado.

Então, se eles disserem que não têm condições financeiras, diga que quanto mais eles pagarem agora, menores serão os pagamentos mensais. *"Se você não tem condição de pagar à vista, eu super entendo. Vamos então só ajustar o valor do pagamento inicial até você conseguir uma taxa mensal que te agrade."* Isso ainda incentiva uma entrada maior para que as prestações mensais sejam menores. Se eles ainda assim recusarem, pergunte se ainda querem o produto. Se quiserem, puxe sua cadeira para o lado deles e explique as opções. A venda se torna um trabalho em equipe. Simples assim.

Os planos de pagamento têm vendas adicionais integradas: faça ofertas periódicas pelo desconto original pago integralmente durante o plano de pagamento. Se eles pagarem o saldo, ainda podem obter o "desconto de pré-pagamento" original. Isso funciona excepcionalmente bem. Os clientes esquecem que têm uma opção. Então, quando oferecemos, alguns abraçam a oportunidade. Além disso, dê aos seus vendedores o mesmo bônus para fechar o saldo, a fim de incentivar o acompanhamento. E lembre-se: *se você der às pessoas a opção de pagar mais lentamente, elas pagarão mais lentamente. Se você incentivá-las a pagar mais rápido, elas vão pagar mais rápido.* Portanto, se você quiser que elas paguem mais rápido, dê a elas um bom motivo para fazer isso.

Tenha menos pagamentos recusados. Alinhe os calendários de pagamento com os calendários de pagamento dos salários. Se você cobrar nos dias em que as pessoas recebem o salário, tem mais chances delas pagarem. Além disso, os salários das pessoas são depositados em momentos diferentes, então, se for recusado na primeira tentativa, tente novamente algumas vezes ao longo do dia. Aprendi essa estratégia com o John (meu primeiro mentor). Muitas vezes, recupero um terço dos meus pagamentos recusados adicionando esse pequeno processo.

Como garantir que os planos de pagamento te rendam dinheiro. Depois de implementar os planos de pagamento, sua taxa de negócios fechados deve aumentar. Óbvio. Mas, se o número de pagamentos integrais diminuir, você vai ter um problema. Você acabou de colocar pessoas que pagariam integralmente em planos de pagamento! Sendo assim, *você quer fechar mais vendas no geral, mas com a mesma porcentagem de vendas com pagamento integral.*

Exemplo: Se eu falar com dez clientes em potencial, posso vender para três. Se eu tiver uma redução de venda, posso vender para mais três (totalizando seis). Assim, neste segundo cenário, recebo meu dinheiro adiantado dos três primeiros *e* as parcelas dos outros três. Isso garante que as reduções de venda realmente aumentem seus lucros em 30 dias.

Outra razão para começar alto antes e só depois ir diminuindo. A Profitwell (uma empresa que gerencia assinaturas) divulgou dados de rotatividade de 14.000 empresas. Eles descobriram esta valiosa informação. Em *todas as empresas*, a cadência de faturamento afetou a rotatividade mensal.

O faturamento mensal (12 vezes por ano) resultou em taxas de cancelamento mensais de 10,7%.

O faturamento trimestral (4 vezes por ano) resultou em taxas de cancelamento mensais de 5%.

O faturamento anual (1 vez por ano) resultou em 2% de cancelamentos mensais.

Eu já apresento os preços em ordem do maior valor à vista para o menor. Acontece que isso também torna os clientes mais valiosos a longo prazo. Portanto, comece com valores altos (menos pagamentos de maior valor) e vá diminuindo gradualmente.

Conclusão: Mudar a forma como os clientes pagam pode fazer uma *enorme* diferença no tempo que eles permanecem com você. Vamos aprofundar mais o tema da continuidade e da rotatividade na Seção V: Ofertas de continuidade.

Pontos resumidos

- Ofertas de redução por planos de pagamento distribuem o custo de um produto, cobrando parte dele antecipadamente e dividindo o restante em pagamentos programados.
- Os planos de pagamento atraem mais compradores, assim como os descontos, mas também podem aumentar seus lucros, pois os clientes concordam em pagar o preço total ao longo do tempo.
- Os planos de pagamento só fazem o seu negócio crescer se atraírem mais clientes e esses clientes realmente pagarem.
- Passo 1) Apresente o preço total e ofereça um desconto se eles pagarem à vista.
- Passo 2) Financiamento por terceiros, depois opção de cartão de crédito e, por fim, parcelamento.

- Passo 3) Divida o pagamento em duas parcelas. Programe-as para as datas de pagamento do salário.
- Passo 4) Pergunte se eles ainda querem o produto em uma escala de 1 a 10. Você quer 8 ou mais.
- Passo 5) Divida o pagamento em três partes. Programe-as para as datas de pagamento do salário ou mensalmente.
- Passo 6) Programe pagamentos iguais ao longo de um período de tempo especificado.
- Passo 7) Ofereça um teste gratuito em troca do cadastro do cartão. Será abordado no próximo capítulo.
- A Redução de Vendas "Gangorra" muda gradualmente do pagamento integral para pagamentos iguais.
- Venda adicional no plano de pagamento: eles obtêm o preço com desconto original se pagarem o saldo hoje.
- Alinhe o calendário de pagamento com o calendário do salário deles para obter menos pagamentos recusados.

No final de tudo isso, se alguém *ainda* se recusar a pagar qualquer coisa, oferecemos uma avaliação gratuita em troca do cadastro do cartão de crédito. Mas não é uma avaliação gratuita comum. Eu faço isso de uma maneira especial. Levei anos para aperfeiçoá-la. Então, é isso que veremos a seguir. *Você vai adorar.*

PRESENTE DE GRAÇA: Treinamento em vídeo sobre ofertas de redução de venda

Planos de pagamento bem elaborados quase sempre geram mais vendas e mais dinheiro. Gravei a mim mesmo fazendo os descontos para que você possa aplicá-los em qualquer produto que queira vender. Para aqueles que gostam de aprender em vários formatos (o que eu recomendo), podem assistir em acquisition.com/training/money. Coloquei um código QR para facilitar um acesso rápido.

Teste com penalidade

Se você fizer X, Y, Z, eu deixo você começar de graça.

Primavera de 2018.

A Gym Launch estava crescendo rapidamente. Com 100 funcionários e contando, Leila precisava de melhores soluções de RH para gerenciar tudo. Após meses de ligações comerciais com possíveis empresas de RH, ela encontrou uma que gostou. E, para minha surpresa, não era nada de especial — parecia igual a todas as outras.

"Sim, o software é complicado", disse ela. "Mas eles me convenceram."

"Sério? Como que eles conseguiram isso?"

"Eles tinham uma oferta teste com um toque diferente. Foi muito inteligente."

"O que eles ofereceram?"

"Eles disseram que, se eu fizesse o treinamento, teria acesso gratuito ao programa. Mas, se eu não fizesse o treinamento, teria que pagar por ele!"

"Então, o que você fez?"

"Eu fiz o treinamento, é claro."

"Então eles pegaram seu cartão de crédito, você fez o treinamento *e não precisou pagar pela integração?"*

"Sim!", ela sorriu. "E agora também consigo usar o software complicado."

Momento de inspiração.

"Espere... você disse que não. Daí te ofereceram uma versão de avaliação gratuita com a condição de que eles poderiam te *penalizar* se você *não* a usasse?"

"É, basicamente. Quer dizer, faz sentido. Isso me obrigou a aprender, e agora não quero aprender nenhum outro software complicado... então vamos continuar com eles!"

"Você está certa. Isso é muito inteligente."

***

A empresa de software utilizou a opção "Teste com penalidade" como oferta *de atração*, mas eu prefiro fazer do teste *uma redução da venda*. Portanto, só faço a oferta do teste se eles recusarem a minha primeira oferta. E se você fizer isso da maneira que vou mostrar, isso só altera o que eles pagam *hoje*, não o *valor total* que te pagam.

Descrição

Em uma oferta de teste com penalidade, os clientes podem experimentar seu produto ou serviço gratuitamente, *desde que cumpram seus termos*. Para comparação, as ofertas de "Ganhe seu dinheiro de volta" (oferta de atração nº 1) dão aos clientes a chance de receber seu dinheiro de volta *se cumprirem os termos*. Nas ofertas de teste com penalidade, os clientes só pagam *se não cumprirem os termos*.

No plano ideal, os termos devem ser coisas que tornam os clientes excelentes. Assim, os termos vão espelhar as ações e os resultados usados na sua oferta "Ganhe seu dinheiro de volta". Mas, desta vez, usamos *a isenção de taxas* (em vez de ganhar dinheiro de volta) para incentivar a adesão.

Portanto, o Teste com Penalidade não é "aqui está o meu produto — veja se você gosta". É *"aqui está o meu produto, você recebe ele gratuitamente desde que faça isso... o que o torna perfeito para a minha próxima oferta. E se você não fizer, então terá que pagar por ele"*.

Para fazer uma redução de venda usando um Teste com penalidade, você deve considerar o que eles precisam fazer para evitar a taxa e como você irá cobrá-los. Normalmente, você consegue que um grupo de pessoas compre sua oferta principal. Portanto, ofereça isso primeiro. E o restante, você conseguirá com essa outra oferta. Digamos que você normalmente feche três de dez pessoas com sua oferta de atração. E agora você faz uma redução de venda para *outras* quatro pessoas usando o teste com penalidade. Então, após o término do teste, você consegue fazer uma venda adicional para três delas. Você passa de três vendas para seis *vendas, dobrando* o seu número de clientes! Se você tiver apenas um tipo de oferta, perderá todos que disserem não. A redução de venda usando o teste com penalidade dá às pessoas mais uma chance de dizer sim.

Ainda estou bravo pelos *milhares* de clientes que perdi em testes gratuitos ao longo dos anos antes de aprender isso. Mas agora podemos salvar eles! O Teste com Penalidade faz isso acontecer.

Exemplos

Oferta de empresa para consumidor: Plano de 28 dias para se livrar de um hábito

- ☐ Para obter a avaliação gratuita (e evitar a taxa de penalidade), você deve...
- ☐ Participar de todas as suas consultas por ligação
- ☐ Postar seu progresso no grupo uma vez por semana
- ☐ Escrever diariamente no nosso aplicativo
- ☐ Participar de sessões de feedback e sessões de transformação (também conhecidas como oportunidades de vendas adicionais)

Oferta de empresa para empresa: Desafio de 5 dias para conquistar seus primeiros 5 clientes

- ☐ Para obter a avaliação gratuita (e evitar a taxa de penalidade), você deve...
- ☐ Enviar 100 mensagens por dia
- ☐ Relatar estatísticas sobre mensagens enviadas
- ☐ Participar do treinamento diário
- ☐ Publicar no grupo diariamente depois de fazer a lição de casa
- ☐ Participar da sua chamada de formatura (oportunidade de venda adicional)

Software: US$ 500 para integração ao software de RH e, depois, US$ 99 por mês

- ☐ Teste com penalidade: você não precisa pagar US$ 500 adiantado, mas deve...
- ☐ Participar da integração, que consiste em três chamadas de 60 minutos pelo Zoom (oportunidades de vendas adicionais)
- ☐ Fazer a lição de casa
- ☐ Ativar seu perfil de empregador
- ☐ Configurar seus funcionários até o final da terceira chamada

Caso contrário, você pagará a taxa.

Observações importantes

O que eles ganham de graça e o que precisam fazer para evitar a taxa. Você precisará saber quais serão os seus *termos de serviço*. As partes de valor serão a sua oferta básica (como a Oferta Isca) *ou* a sua oferta "Ganhe seu dinheiro de volta". Qualquer uma delas funciona. Eu recomendaria dar mais em vez de dar menos, se você puder bancar. Os critérios devem ativar e reter clientes. Você pode copiar esses critérios diretamente da oferta de atração nº 1 da oferta "Ganhe seu dinheiro de volta".

Taxas por falha vs. Taxa única. Digamos que você tenha um produto de US$ 500 com dez tarefas para realizar. Prefiro cobrar US$ 50 por cada falha do que uma taxa única de US$ 500 pela primeira falha. Por outro lado, se uma única falha prejudicar significativamente o sucesso do cliente, você vai querer que a taxa reflita isso. Já vi tanto uma opção quanto a outra funcionar.

Como fazer uma redução de venda do teste. Aqui está um gráfico que mostra como faço uma redução de venda de um teste com penalidade em cinco etapas.

COMO VENDO OS TESTE GRATUITOS

Ofereça o teste por último. Se alguém deixar claro que não quer sua primeira oferta, então faça uma redução de venda para um teste com penalidade. Veja como isso poderia soar: *"Hmmm... isso é realmente complicado. Vou te dizer uma coisa. Que tal começarmos de graça? Você aceitaria isso? Podemos te ajudar e, se você gostar, pode ficar. Me dê seu documento e podemos iniciar o processo. Justo?"*

Sempre peça um cartão de crédito. Anote as informações, guarde o documento de identidade e peça o cartão de crédito dizendo: *"Qual cartão você deseja usar?"* Eles precisam cadastrar um cartão. Se eles relutarem, basta dizer: *"É assim que sempre fizemos"*. Se ainda assim eles se recusarem, deseje a eles um bom dia e os acompanhe até a saída.

> **Dica profissional:** se alguém não concordar em deixar o cartão e fazer o serviço, eu não vou vender para essa pessoa. Elas reclamam mais e convertem menos. Não vale a pena o incômodo.

Sempre venda permanência e pagamento. Pergunte diretamente: *"Se este programa te trouxer resultados, você vai permanecer por um longo prazo?"* Você quer que eles concordem em permanecer por um longo prazo se você lhes trouxer resultados. Se eles disserem que não, não tem sentido em ofertar um período de teste.

Então, enquadramos a conversa como se eles fossem ficar por um longo prazo, mesmo que ainda não tendo começado a cobrar. Portanto, se eles disserem "não", mas quiserem mais explicações, diga algo como: *"Não quero que você experimente. Quero que você tenha resultados. E, por uma questão de integridade, quero estabelecer metas realistas. Você não vai atingir suas metas de longo prazo durante este período de teste. Mas você vai estabelecer hábitos que o ajudarão a chegar lá. E a gente vai te ajudar a fazer isso gratuitamente. Mas se você quiser obter resultados de longo prazo, terá que continuar depois. Só quero ter certeza de que você não está procurando uma solução rápida, porque não posso prometer isso a você por uma questão de ética."*

Assim que concordarem, prossiga.

Explique as taxas *depois* de receber o cartão. Eu digo algo como: *"Faremos nossa parte, desde que você faça a sua. É justo, né? Então, agora só peço que você aposte em si mesmo — se você perder ou pular alguma coisa, seus resultados serão prejudicados. Cobramos para mantê-lo no caminho certo. Se você perder, não é nada demais. Você pagará uma pequena taxa, mas isso*

o colocará de volta no caminho certo. Se você seguir adiante, terá tudo isso de graça. Assim, essa é a melhor maneira de obtermos resultados incríveis e manter de graça para você. O melhor dos dois mundos."

Observação: se você explicar as taxas *antes* de obter o cartão, vai ter mais resistência. Portanto, explique *depois,* com uma atitude *do tipo "é assim que sempre fizemos"*. As pessoas ainda precisam concordar com as taxas, mas você obterá um índice de aceitação mais alto fazendo dessa maneira. Eu sempre peço aos clientes que coloquem suas iniciais ao lado de cada uma das cláusulas de taxas para forçar meus vendedores a explicá-las.

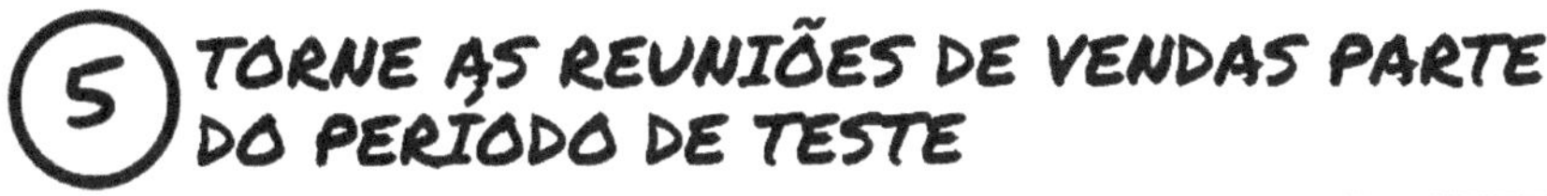

Torne as reuniões de acompanhamento obrigatórias. Primeiro, explicamos *todos* os critérios para que eles entendam os custos e benefícios de aderir. Em seguida, chamamos a atenção para as reuniões de acompanhamento (nossas oportunidades de vendas adicionais): *"Sim, e você concorda em participar de cada uma das três reuniões de acompanhamento. No primeiro, fazemos X para que você possa [benefício um], no segundo, fazemos Y para que você possa [benefício dois] ..., no terceiro, fazemos Z para que você possa [benefício três] ... Obviamente, cobramos se você faltar, porque é a única maneira de te levar aos resultados."*

Como faço venda adiciona a partir de um teste. Quando alguém faz um teste, uma dessas três coisas acontece: a pessoa gosta, odeia ou não usa. Veja como faço uma venda adicional em cada cenário.

1) Se eles gostarem: essa é fácil. Você já configurou o faturamento automático para eles. Ótimo! Reúna-se com eles mesmo assim. Você ainda pode oferecer uma versão de prazo mais longo ou de maior valor do seu serviço (ou ambos). Clientes de sucesso têm a tendência de conseguir ainda mais valor com seus melhores (e mais lucrativos) produtos.

2) Se eles não gostarem: *transforme esse desânimo em entusiasmo*. Pergunte o que eles gostariam que fosse diferente. Diga que eles estão certos e que você está chateado consigo mesmo por não ter percebido isso. *Não os culpe*. Apenas uma pessoa pode ficar chateada — e essa pessoa precisa ser você. Pergunte se eles lhe darão uma chance de compensá-los, devido ao quanto você está indignado com a experiência deles. E agora, como você entende melhor as necessidades deles, eles são mais adequados para o seu produto de nível superior. Então, ofereça-o a eles. Sim, isso é uma venda. Consigo fazer com que cerca de metade dessas pessoas comprem.

3) Se eles não utilizaram o serviço, *entre em contato com eles várias vezes antes de chegar a esse ponto*. Explique que você precisa se reunir com eles. Ofereça a isenção da taxa se eles concordarem. Agora, você pode tentar colocá-los de volta nos trilhos ou oferecer algo melhor para eles. Não gosto de cobrar de quem não utilizou o serviço. Uma pequena taxa não vale uma avaliação de 1 estrela. Mas, enfim, a escolha é sua.

Ajuste sua versão de teste para obter o máximo de clientes. Se ninguém aceitar sua versão de teste, reduza os requisitos ou as penalidades. Se as pessoas aceitarem sua versão de teste, mas não seguirem adiante, enfatize como as taxas as ajudam e certifique-se de incluir reuniões de vendas como obrigatórias. Se as pessoas não permanecerem na parte final, enfatize mais o valor de permanecer e pagar, melhore a entrega e certifique-se de que o que você vende no final *faça sentido* com o que você vende no começo. Se você começar a ganhar dinheiro, não pare.

Deixe as pessoas compensarem seus erros. As pessoas muitas vezes ficam desanimadas depois de receberem uma cobrança. Mas você pode oferecer uma oportunidade para elas "compensarem". Isso é ótimo para fazer com que as pessoas voltem ao caminho certo e se convertam. Mas, se elas perderem essa oportunidade, você tem motivos para cobrar delas.

Chame isso de teste. Mesmo que o teste com penalidade tenha algumas "características especiais", você deve chamá-lo apenas de teste gratuito. Caso contrário, as pessoas podem ficar assustadas e confusas. Ninguém quer ser penalizado. E se perguntarem por que você faz testes gratuitos dessa forma, basta responder: *"É assim que sempre fizemos"* ou *"As pessoas obtêm os melhores resultados dessa forma"*.

Pague menos agora ou pague mais depois vs. Teste com penalidade. Eu uso o "Pague menos agora ou pague mais depois" como uma estratégia de redução de venda para produtos físicos ou serviços pontuais. E uso o "Teste com penalidade" como uma estratégia de redução de venda para produtos ou serviços recorrentes. Além disso, só consegui fazer isso funcionar em negócios em que o cliente precisa se esforçar para obter resultados. Se você encontrar outros tipos de negócios em que isso funcione... me avise!

Descontos conseguem o cadastro de cartões. Algumas pessoas ficam desconfiadas quando você oferece algo gratuito e pede para cadastrar um cartão. Mas se você tiver um preço super baixo, isso justifica pedir o cartão. O preço baixo significa que o cartão provavelmente vai funcionar quando os pagamentos automáticos começarem. Então, em vez de um mês gratuito, você pode oferecer "o primeiro mês por US$ 1" e depois US$ X por mês quando for recorrente.

Pontos resumidos

- Em uma oferta de teste com penalidade, os clientes podem experimentar seu produto ou serviço gratuitamente, *desde que cumpram seus termos.*
- As ofertas de redução de venda usando um teste com penalidade conseguem um sim de pessoas que antes diziam não.
- Para fazê-las, você: obtém o cartão, garante o compromisso, explica o que eles precisam fazer para obter resultados e as reuniões que devem participar, e o que acontece se não cumprirem.
- Os testes com penalidades atraem mais clientes pagantes do que os testes gratuitos normais, porque eles usam mais o seu produto e realmente tiram valor dele.
- Use os mesmos critérios de "reembolso" da oferta "Ganhe seu dinheiro de volta" (Oferta de atração nº 1) para criar seus critérios do teste com penalidade. Dessa forma, ao final do teste, eles terão feito o que é necessário para se tornarem ótimos clientes de longo prazo (e divulgar seu negócio gratuitamente).
- Você pode dividir as taxas por critérios ou cobrar uma taxa única. Eu prefiro dividi-las.
- Você ganha dinheiro obtendo resultados para as pessoas e transformando-as em clientes, não cobrando taxas insignificantes.
- Use reuniões de acompanhamento para fazer mais ofertas. Se eles gostarem, ofereça mais daquilo que eles gostam. Se eles não gostaram disso, troque por algo que faça sentido para eles. Se eles não estiverem usando, ofereça a possibilidade de compensar para evitar as taxas.

PRESENTE DE GRAÇA: Treinamento de teste gratuito

Nem todas as empresas podem oferecer testes gratuitos. Mas, se você puder, é uma excelente estratégia de redução de venda. Obviamente, há maneiras certas e erradas de fazer isso e negócios certos e errados para fazer isso também. Eu fiz um vídeo gratuito para você abordando este capítulo e todos os detalhes quanto pude. Você pode assistir em acquisition.com/training/money. Coloquei um código QR para acesso rápido e fácil.

Vendas de recursos reduzidos

Por que não tentamos isso em vez disso?

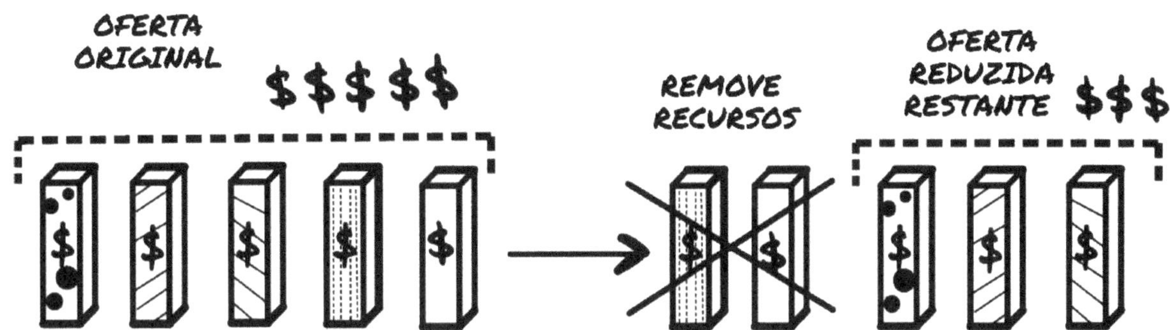

Em algum momento que não me lembro em 2019.

"Essa nova redução de venda triplicou minha taxa de fechamento de 25% para 75% no último trimestre. E o mais incrível é que mais pessoas compraram o produto principal", disse ele entre uma garfada e outra.

"Você começa a oferecer um plano de pagamento ou um desconto?"

"Nenhum dos dois. Planos de pagamento demoram muito. E descontos desvalorizam meu produto."

Hã... "Estamos falando de um produto de alto valor, certo?"

"Sim."

"Jesus... O que você está fazendo?

"Eu reduzo o preço, mas justifico isso cortando um recurso. Dessa forma, não estou dando desconto."

"Então, qual recurso você cortou?"

"Minha garantia de reembolso total."

"Nunca pensei em garantias como recursos, super interessante... espere... *você aumenta as vendas removendo sua garantia?*"

"Sim. Funciona muito bem. Quando recebemos uma objeção em relação ao preço, perguntamos: *"Se você não quiser a opção de receber seu dinheiro de volta, pode pagar menos.*

Ou pode manter sua garantia de devolução do dinheiro — o que você prefere?" Quando entendem o que estão abrindo mão, muitas vezes dizem: "Ah que se dane, prefiro manter a garantia e receber meu dinheiro de volta".

"Ahhhh... então eles só percebem o valor da garantia *depois que* você a remove. E isso também explica por que tantos outros estão comprando o produto principal. Inteligente." Então eu continuei: "... como seus números ficaram?"

"Antes, eu só tinha uma opção de preço integral. Então, se 100 pessoas participavam da chamada, 25 compravam. Agora, 35 pessoas compram o produto principal e 40 aceitam a venda reduzida."

"Então, isso aumentou o número de compradores que pagaram o preço integral, a taxa de fechamento total *e* o dinheiro adiantado. Ótimo!"

"Sim, isso mudou minha vida", disse ele.

***

Os dois últimos capítulos abordaram a redução de vendas em planos de pagamento e o teste com penalidade. Reduzimos as vendas mantendo o preço total igual, alterando apenas quando e como eles pagavam.

Neste capítulo, abordamos a redução de recursos. Com isso, reduzimos o preço. Mas, em vez de um desconto, que torna o mesmo produto mais barato, reduzimos o preço *alterando o que eles recebem.*

Descrição

A redução de recursos diminui os preços ao alterar o que os clientes recebem. Eu faço isso oferecendo alternativas com menor quantidade, menor qualidade, preço mais baixo ou cortando componentes opcionais.

Todos os recursos têm um preço e um valor. Se você remover algo, o preço diminui, com certeza. Mas o valor também diminui. Os recursos que você remove e o quanto você reduz o preço afetam a qualidade da oferta que a pessoa recebe. Essa mudança na relação preço-valor da sua oferta afeta a forma como as pessoas compram. As pessoas querem obter a *melhor oferta para elas.*

Por exemplo, se você remover itens que eles não gostam e reduzir bastante o preço, eles obtêm uma *oferta melhor.* Se você remover itens que eles gostam e reduzir um pouco o preço, eles obtêm uma *oferta menos vantajosa*. Ambas as opções levam as pessoas a comprar. Na história, os clientes apreciavam a garantia. *A garantia tinha muito mais valor do que seu preço.* Portanto, mesmo que eles dissessem não no início, remover a garantia mostrou instantaneamente seu valor. Os clientes viram a oferta de preço mais alto como um *negócio melhor.* Assim, depois de ver a opção de venda inferior, eles compraram a primeira oferta.

As pessoas perceberão o valor do que você removeu *depois de verem a diferença de preço*. Ou seja, as pessoas comparam quanto dinheiro economizam com quanto valor perdem. Portanto, uma estratégia inteligente de vendas com recursos reduzidos faz com que os clientes se convençam de novo a comprar as ofertas mais caras. Isso significa que você deve *remover os recursos do mais alto valor para o mais baixo.* Como as pessoas querem mais valor pelo seu dinheiro, isso incentiva os clientes a fazerem a compra de maior valor para eles.

A venda com recursos reduzidos tem uma fórmula simples: retire algo, reduza o preço e, em poucas palavras, pergunte "o que acha agora?".

Exemplos de venda com recursos reduzidos

Redução de recursos com respeito a quantidade de produtos e serviços. Para serviços, isso pode significar um montante menor, menos sessões, menor tempo ou duração de serviço mais curta. Para produtos, significa menos unidades.

Redução da quantidade de produtos: *em vez de te dar um suprimento para três meses, que tal começarmos com apenas para um mês?*

Redução da quantidade de serviços: *em vez de quatro sessões por mês, por que não começamos com duas?*

Redução da qualidade do produto. Pense em versões mais antigas, materiais menos confiáveis, materiais de status social inferior, etc.

Redução da qualidade do produto: *Em vez dos assentos de couro, podemos usar vinil. O que você acha?*

Redução da qualidade do serviço. Isso significa muitas coisas. Vou lhe dar algumas maneiras pelas quais eu altero a qualidade dos serviços. Dica: isso também funciona para *aumentar* a qualidade do serviço.

Redução da qualidade do serviço: *Em vez de um tempo de resposta de 5 minutos, por que não começamos com um tempo de resposta de uma noite? Você economiza algum dinheiro e ainda receberá suas respostas, só que com um pequeno atraso.*

Mais recursos de qualidade do serviço:

- Disponibilidade de tempo: horários específicos VS. quando você quiser
    - Dias da semana: segunda/quarta/sexta-feira VS. todos os dias
    - Horários do dia: das 9h às 17h VS. 24 horas
    - Tempo: chamadas de suporte de 15 minutos VS. chamadas de suporte de 60 minutos
- Disponibilidade de localização: Este local específico VS. todos os locais que possuímos
- Cancelamentos: Taxas de remarcação VS. gratuito
- Rapidez de resposta: resposta em minutos VS. horas vs. dias etc.
- Velocidade de entrega: espera na fila VS. prioridade, no mesmo dia/no dia seguinte vs. na próxima semana, etc.
- Proporção do serviço: individual VS. um para vários VS. vários para um
- Método de comunicação: Suporte por texto VS. Suporte por chat VS. Suporte por videochamada, etc.
- Qualificações do provedor: Proprietário VS. funcionário antigo VS. funcionário novo, etc.
- Ao vivo VS. gravado: assistir ao vivo VS. assistir *depois* que acontecer
- Presencial VS. Remoto: Acompanhe onde está acontecendo VS. acompanhe de outro lugar
- DIY, DWY, DFY.: Faça-você-mesmo VS. feito-com-você VS. feito-para-você
- Vencimentos: Funciona para sempre VS. funciona por X tempo VS. funciona em momentos específicos
- Personalização: Genérico VS. feito especialmente para você
- Seguro/Garantia:
    - Duração: Por um ano VS. Por toda a vida

- o Cobertura: Acontece algo específico de ruim VS. Acontece qualquer coisa ruim
- o Termos: Incondicional VS. Somente se você fizer XYZ

Redução de vendas removendo recursos inteiros. Em vez de diminuir a quantidade ou a qualidade, você remove o recurso em si. Na história, ele removeu uma garantia.

Reduzindo a venda por remover todo o recurso: *em vez de suporte prioritário por chat, suporte por e-mail e chamadas, por que não mantemos apenas o suporte por chat e e-mail, mas dispensamos as chamadas para economizar seu dinheiro? Você ainda receberá suas respostas, só que isso vai nos poupar tempo e vamos poder te repassar essa economia.*

Redução de recursos feito-para-você ou faça-você-mesmo. Se alguém recusar todas as suas reduções de serviços, você pode reduzir outro produto que resolva o mesmo problema.

Reduzindo os recursos do produto de "feito para você" para "faça você mesmo":

- Quiroprático: *Em vez de ajustes quiropráticos, vamos começar com algumas ferramentas que você pode usar para fazer isso sozinho em casa?* Então, você venderia ferramentas de massagem caseira, rolos de espuma, tapetes, etc.
- Pintor: *Se você não tem dinheiro para pagar pela pintura da sua casa, por que eu não lhe dou a tinta e deixo você alugar uma de nossas máquinas de pulverização por uma taxa diária?*
- Alex Hormozi: *Em vez de eu e minha equipe comprarmos sua empresa e expandirmos ativamente seus negócios, por que você não participa de um workshop?* (*Cof, cof* Acesse acquisition.com)

Observações importantes

Lembre-se: nunca negocie o preço. Pessoas que exigem pagar menos pelo mesmo produto são terroristas comerciais. Eu não negocio com terroristas. Se eles querem pagar menos agora, ofereça um plano de pagamento. Se eles querem pagar menos no total, ofereça uma redução no número de recursos. Mas não deixe ninguém pagar menos *só porque sim.*

Se mantenha como um guia prestativo. Lembre-se de que a venda com recursos reduzidos significa tentar encontrar *a melhor oferta para eles.* Isso mantém a conversa colaborativa, em vez de competitiva. Se você agir de uma forma agressiva, suas ofertas vão cansar os clientes mais rapidamente. Se você permanecer como um guia prestativo, poderá fazer a redução de vendas de quantas ofertas forem necessárias sem cansar o cliente.

Ajuste seu processo de venda com recursos reduzidos. Temos a missão de fazer com que o produto tenha o maior valor *em relação ao custo aos olhos do cliente.* Mas, no início, você não saberá muito sobre as preferências deles. Assim, à medida que resolver os mesmos problemas para o mesmo tipo de cliente, você aprende o que eles consideram mais valioso. Depois disso, você pode padronizar seu processo de venda com recursos reduzidos. As vendas de recursos reduzidos fecham mais negócios quando você sabe com antecedência quais combinações de recursos apresentar.

Como padronizo meu processo de redução de vendas. Primeiro, corto algo valioso e baixo *um pouco* o preço. Faço isso para que eles reconsiderem a oferta/preço original. Se isso falhar, continuo removendo recursos e baixando preços até que eles comprem. Prefiro que as pessoas ganhem *alguma coisa* do que nada.

Dê nomes às suas combinações de recursos. Dê à combinação mais cara um nome que represente um status que seu cliente consideraria ambicioso, como "O Pacote Baleia", "A Transformação Total", "O Grande Apostador" etc. Veja as companhias aéreas. Crie sua versão de Primeira Classe → Classe Executiva → Econômica.

Chamo minha combinação mais barata de "O Mínimo". Gosto desse nome porque ele implica que eles têm que comprar *pelo menos* isso. Se alguém recusa todos os outros pacotes, eu simplesmente digo "então nada além do pacote mínimo?" para fazer eles dizerem não para dizer sim (como na Venda Adicional Clássica).

Confira a temperatura após duas tentativas de redução de venda (como planos de pagamento). Se você fizer duas alterações consecutivas e eles ainda recusarem, certifique-se de que eles realmente querem o produto. Eu diria algo como *"Entendi. Só uma coisinha rápida. Preciso ter certeza. Em uma escala de 1 a 10, o quanto você quer isso?"*

Se eles responderem 8 ou mais, comece a negociar um plano de pagamento mais acessível. *"Ótimo. Não se preocupe. Vamos descobrir uma maneira de fazer isso acontecer para você."* Se eles disserem 7 ou menos, pergunte *"Como seria um 10 para você?"* e, em seguida, recombine os recursos para tentar acomodar o "10" deles. Observação: isso significa que você pode alternar entre o plano de pagamento e a venda com recursos reduzidos. Quando você usa os dois, fica muito difícil recusar.

Após cada redução de venda, pergunte "Negócio fechado?" ou "Bom pra você?" Isso funciona *surpreendentemente* bem. Menos pessoas vão perceber que você alterou a oferta para elas e dirão "Não, isso não é bom". Ouça como eu apresento as vendas com recursos reduzidos no episódio 202 do meu podcast *The Game,* "Como fechar negócios com todos:

fazendo reduções de vendas como um profissional" (*"How to close everyone: unselling like a pro"*).

Treinamentos gratuitos impulsionam vendas de produtos "faça-você-mesmo". Quando alguém recusa todas as minhas ofertas "feito-para-você", eu pergunto: *"Mesmo que não vamos trabalhar juntos com X, ainda quero te ajudar. Que tal você participar de um treinamento gratuito sobre X amanhã?"* No final do treinamento, eu ofereço um produto "faça-você-mesmo" que resolve o mesmo problema que o serviço "feito-para-você". Por exemplo, ofereci um treinamento *gratuito* para pessoas que recusaram minha oferta da academia. Das pessoas que compareceram ao treinamento (cerca de metade), quase todas compraram suplementos. Isso me rendeu dinheiro de pessoas que, de outra forma, teriam recusado. Dinheiro grátis por um pouco de trabalho extra.

Ofereça a remoção das suas garantias. Se você já tem uma garantia, inclua sua remoção no processo de venda com recursos reduzidos. As pessoas valorizam a segurança, portanto, removê-la vai fazer com que muitas pessoas percebam seu valor. Isso geralmente transforma um "não" inicial em um "sim".

Venda com recursos reduzidos para seus Clientes atuais. Os clientes que utilizam todos os recursos pelos quais pagam continuam pagando por mais tempo do que aqueles que não fazem isso. Portanto, quando perceber que um cliente não está utilizando um recurso, ofereça um preço mais baixo, cobrando apenas pelos recursos que ele utiliza. Ele dirá que deseja mantê-lo e poderá começar a utilizar novamente, ou ficará feliz por você ter oferecido uma *oferta melhor*. Isso dá trabalho, mas é melhor do que ele cancelar. Curiosidade: os clientes para os quais fizemos uma venda reduzida para um pacote mais barato *exclusivo para eles* têm o segundo maior valor entre todos os meus clientes. Quando as pessoas têm um produto de que gostam a um preço que consideram justo, elas continuam pagando.

Faça trocas por avaliações, depoimentos e indicações. A troca é a forma mais antiga de transação. É a minha pedra afiada pela sua pele de coelho. E eu adoro fazer trocas. Se alguém cria uma objeção sobre o preço, às vezes ofereço descontos em troca de publicidade. Exemplo: *"Vou dar um desconto de US$ 100 se você: 1) Deixar uma avaliação em todos os sites de avaliações 2) Deixar um depoimento em vídeo 3) Fazer um post público nas redes sociais no início, no meio e no final do nosso programa mostrando seu progresso 4) Me apresentar a dois amigos que você gostaria que fizessem o programa. Combinado?"* Para mim, a publicidade vale mais do que o desconto de US$ 100. Para eles, os US$ 100 valem menos do que a publicidade. Todos ganham.

Pontos resumidos

- A redução de recursos diminui os preços removendo itens.
- Você remove algo, reduz o preço e pergunta: "o que acha agora?".
- As vendas com redução de recursos oferecem alternativas com menor quantidade, menor qualidade, preço mais baixo ou removem recursos completamente.
- As pessoas tendem a ver o valor do que você removeu *depois de ver a diferença de preço*. Isso pode fazer com que mais pessoas aceitem a oferta mais cara.
- Se você remover os itens que eles não gostam e reduzir significativamente o preço, mais pessoas vão aceitar a oferta mais barata.
- Se você remover coisas que eles adoram e reduzir um pouco o preço, mais pessoas aceitarão a oferta original.
- A primeira oferta mais barata faz com que eles *reconsiderem minha oferta inicial*. As demais ofertas mais baratas fazem com que eles considerem *a melhor oferta para eles*.
- Se um cliente em potencial rejeitar várias ofertas de redução de venda, veja se ele ainda quer o seu produto antes de continuar.
- Se um lead gosta de uma combinação de recursos, mas ainda não gosta do preço, comece a fazer reduções de venda com planos de pagamento. É muito eficaz.
- Faça vendas com recursos reduzidos para os clientes atuais *antes* que eles cancelem.
- Você pode oferecer descontos aos clientes em troca de eles divulgarem o seu negócio.

PRESENTE DE GRAÇA: Treinamento sobre venda com recursos reduzidos [sem necessidade de inscrição]

Compreender os recursos dos serviços e produtos oferece uma grande vantagem. Isso pode te ajudar a tornar seus produtos super lucrativos, mantendo eles atraentes para o cliente. Esse é um dos meus tópicos favoritos e preparei um treinamento adicional que aborda esse assunto. Você pode assisti-lo, como sempre, em acquisition.com/training/money. Coloquei um código QR para acesso rápido e fácil.

Conclusão: Ofertas de redução de vendas

Todo mundo compra alguma coisa.

As reduções de vendas oferecem outra oportunidade de conquistar um cliente, transformando o *"não"* em *"sim"*. Por esse motivo, não se trata tanto de ter cem produtos diferentes com a mesma oferta, mas sim de ter cem ofertas diferentes para o mesmo produto. Porém, não importa o que aconteça, a oferta *nunca* é *o mesmo produto por um preço mais barato.* A gente continua ajustando a oferta até ela virar *a melhor opção para eles.* O dinheiro a mais dispara nossos lucros de 30 dias e nos leva além de nossas metas.

Então, usamos ofertas de atração para fazer com que os clientes *comprassem a primeira vez.* Usamos as vendas adicionais para fazer com que comprem mais alguma coisa em seguida. E agora mostrei para você meus três processos de redução de venda mais poderosos, *caso eles digam não*: redução de venda por plano de pagamento, teste com penalidade e vendas de recursos reduzidos.

A seguir, temos a etapa final de um *Modelo de Dinheiro de US$ 100 milhões* — Ofertas de Continuidade: *como fazer com que continuem comprando para sempre.*

SEÇÃO V: OFERTAS DE CONTINUIDADE

Você pode tosquiar uma ovelha durante toda a vida, mas só pode esfolá-la uma vez. - John, um dos meus primeiros mentores

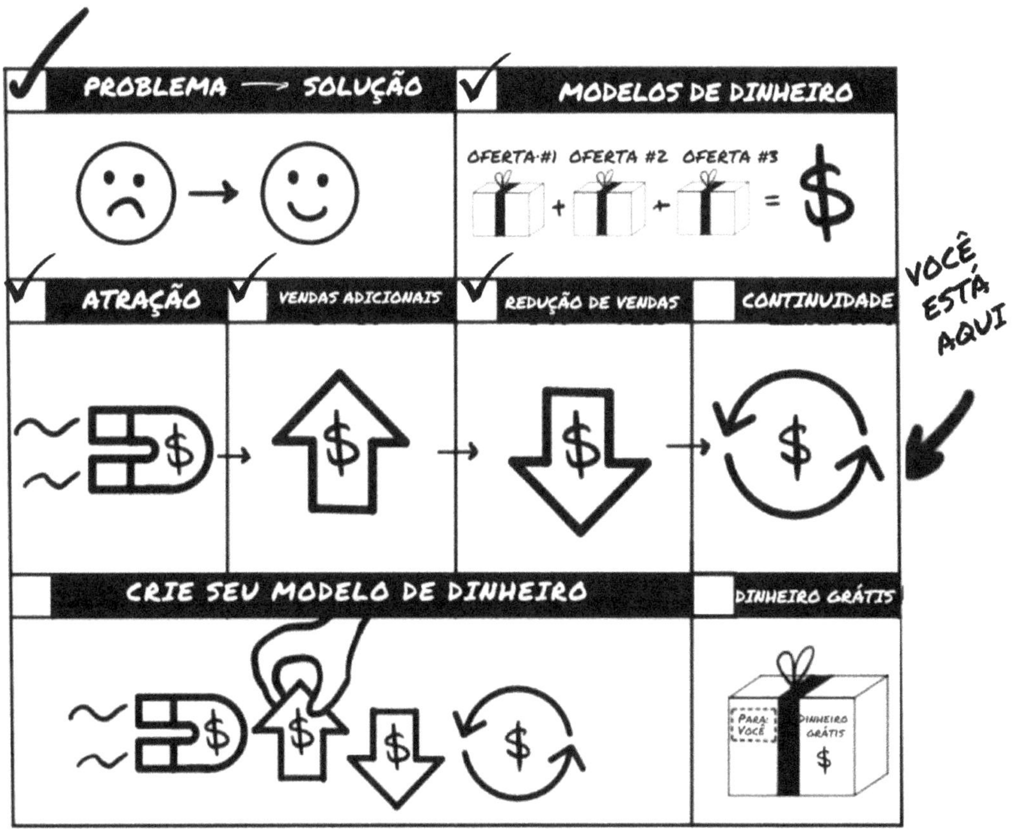

Sempre fui um cara de continuidade: personal fitness, depois academias, depois licenciamento de academias, depois suplementos, depois software e agora com a Acquisition.com... muitas coisas. Não preciso dizer que sou um fã disso. Principal motivo: quando você faz a continuidade da maneira certa, você consegue mais clientes *e* ganha mais dinheiro com eles. As ofertas de continuidade *fornecem valor contínuo pelo qual os clientes fazem pagamentos contínuos — até cancelarem.* Elas aumentam o lucro de cada cliente e oferecem mais uma última coisa para você vender. As ofertas de continuidade são incríveis porque você vende uma vez, mas recebe pagamentos de novo e de novo.

Vou te explicar.

Digamos que você ofereça um produto de US$ 1.000 para 100 pessoas e 10 comprem — você ganha US$ 10.000 (10 x US$ 1.000).

Agora, digamos que você converse com as mesmas 100 pessoas, mas ganhe US$ 1.000... só que US$ 50 por mês. Com US$ 50, podemos conseguir que 40 pessoas a cada 100 comprem. E, se você mantém elas por vinte meses, *ainda ganha US$ 1.000 de cada cliente.* Você passa de ganhar US$ 10.000 agora e US$ 0 ao longo do tempo para US$ 2.000 agora e US$ 40.000 ao longo do tempo.

Como bônus, no primeiro exemplo, se você vendesse apenas para 10 clientes, teria apenas 10 clientes para fazer vendas adicionais posteriormente. Se você usasse uma oferta de continuidade e vendesse para 40 clientes, teria quatro vezes mais clientes para fazer vendas adicionais mais pra frente. Uma diferença enorme.

Isso ilustra os prós e os contras da continuidade. Você pode atrair mais clientes em comparação com algo mais caro, mas ganha *muito* menos dinheiro *agora*. Isso torna difícil usar como uma oferta de atração *por si só*. Mesmo que você tenha mais potencial de ganhar dinheiro amanhã, as ofertas de atração de continuidade deixam você sem dinheiro hoje.

Quando você faz as ofertas de continuidade *durarem,* obtemos o melhor de todos os mundos. Recebemos dinheiro hoje com ofertas de atração, ofertas de vendas adicionais e ofertas de redução de venda. Recebemos um pouco de dinheiro hoje e muito dinheiro amanhã com ofertas de continuidade.

Para ser claro: você pode fazer ofertas de continuidade onde e como quiser. Elas podem atrair novos clientes, fazer vendas adicionais e reduções de vendas para os clientes atuais ou reengajar clientes antigos.

Além disso, apenas *alguns* produtos fazem sentido para uma oferta de continuidade. Não faz sentido alguém pagar por um workshop de um dia... para sempre. Faz sentido que eles paguem até cobrir o custo — e isso é um plano de pagamento. Da mesma forma, você acaba cometendo um erro se oferecer um preço único (mesmo que seja um preço alto) para prestar um serviço para sempre. Se os seus clientes obtêm valor contínuo, provavelmente faz sentido que efetuem pagamentos contínuos.

As três ofertas de continuidade

Todas as ofertas dependem de convencer os clientes a comprar. Mas as ofertas de continuidade dependem de convencer os clientes a continuar comprando. Eu consigo que eles façam as duas coisas, combinando bônus, descontos e taxas.

- Continuidade com ofertas de bônus
- Continuidade com ofertas de desconto

- Oferta de isenção de taxas

Agora que já abordamos isso, você não pode fazer com que os clientes permaneçam na sua oferta de continuidade a menos que eles já tenham começado... então, vamos começar por aí.

PRESENTE DE GRAÇA: Treinamento sobre continuidade e ofertas de continuidade

Quase todos os negócios que construí foram impulsionados pela continuidade. É uma bola de neve que cresce e cresce. Fiz um vídeo para você que descreve mais para te treinar neste assunto. Você pode assisti-lo gratuitamente (sem fornecer seu e-mail) em acquisition.com/training/money. Escaneie o código QR.

Continuidade com ofertas de bônus

Se você gostou disso, vai adorar o que tenho a seguir...

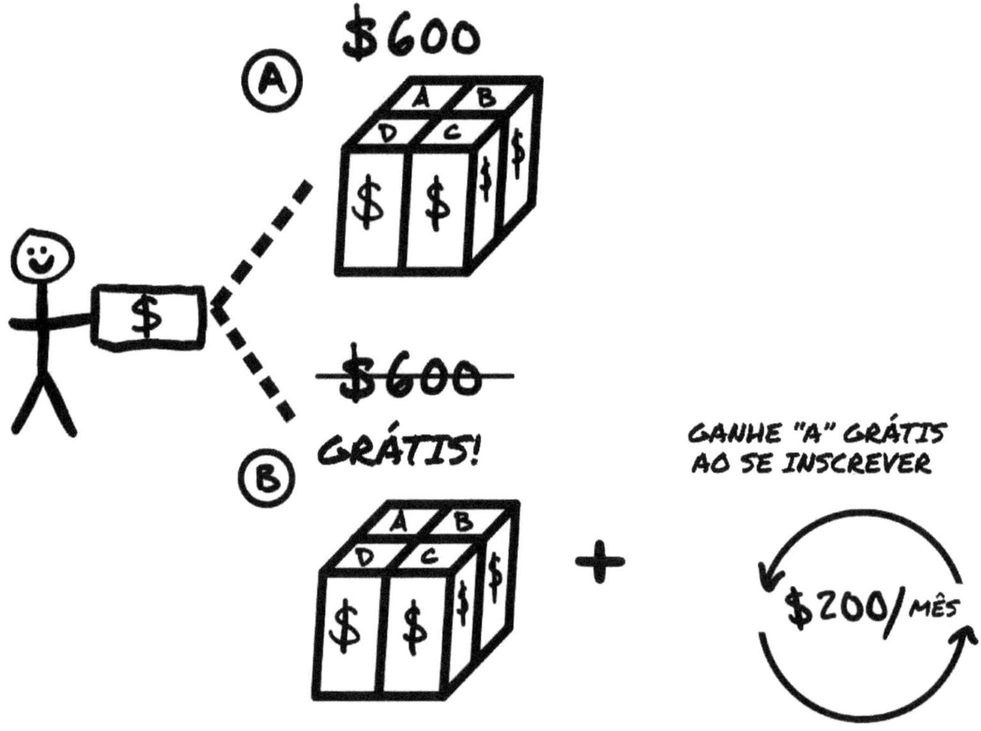

Outono de 2019. Quando descobri que os bônus faziam com que mais pessoas se inscrevessem em programas de continuidade...

Ensinei aos proprietários de academias como vender desafios de seis semanas e eles estavam ganhando muito dinheiro. Mas alguns deles não eram tão bons em converter as pessoas em clientes fiéis após o desafio. Então, do nada, vi que uma academia que geralmente tinha dificuldade para atingir números estava *muito superior* a alguns dos nossos melhores desempenhos.

Claramente, fui investigar...

“Cara, seus números são espetaculares. Como você consegue converter tantas pessoas em membros?”, perguntei.

“Então, eu não estou realmente vendendo o desafio de seis semanas”, disse ele.

“Espere. Como assim? Você está promovendo o desafio de seis semanas, né?”

“Sim. Mas eu ofereço outra coisa quando eles chegam.”

"Ok... me ajude a entender."

"Então, fazemos a apresentação normal. Explicamos o preço. Blá, blá, blá. Assim que eles dizem que estão interessados, perguntamos se querem obtê-lo gratuitamente. É claro que eles dizem que sim. Então, digo que, se eles se tornarem membros, o tornaremos gratuito, o que eles adoram. Além disso, se eles se tornarem membros, *também recebem* bônus exclusivos para membros. Os membros têm melhores horários de aulas, cabine de bronzeamento artificial, eventos VIP, todo tipo de coisas legais. A conversão é incrível. Por último, vendemos uma assinatura pré-paga com desconto."

"Como isso funciona?", perguntei.

"Bem, para quem se inscreve, perguntamos imediatamente: *'quer economizar ainda mais?'* Eles se interessam. Então, oferecemos um desconto pré-pago e bônus por seis meses de assinatura."

"Isso é incrível. Alguém ainda aceita a oferta original do desafio?" "Alguns aceitam, claro. Não dá para ficar bravo tendo mais dinheiro adiantado."

"Entendi. Você poderia me detalhar alguns dos seus números?"

"Antes, conseguíamos que 34 a cada 100 pessoas se inscrevessem no desafio. Depois, algumas semanas a frente, conseguíamos que metade (*17*) permanecesse. Agora, só conseguimos que cerca de 15 se inscrevam no desafio, mas conseguimos que *40* continuem diretamente. E dessas 40, cerca de oito aceitam a oferta de pré-pagamento por seis meses."

"Então, deixa eu ver se entendi... você *triplicou* as vendas de assinaturas... *ainda* recebe dinheiro adiantado dos desafios... *e* acumula ainda mais dinheiro adiantado das assinaturas pré-pagas?"

Ele mal conseguia conter o sorriso. E por um bom motivo. Sua pequena alteração foi genial.

Descrição

Com os bônus por continuidade, você oferece ao cliente algo incrível *se* ele se inscrever hoje. Normalmente, o bônus em si tem mais valor do que o primeiro pagamento contínuo. É só isso.

Bônus — agregando valor. Para produtos, você pode oferecer muitas coisas pequenas ou um produto grande que complemente a assinatura. Para serviços, você oferece um programa definido, integração, configuração ou recurso que agrega valor.

Desconto — redução de custos. Lembre-se de que tudo o que você oferece gratuitamente também pode ser oferecido como desconto. Brindes e descontos afetam a forma como tomamos decisões. Portanto, queremos fazer *as duas coisas* para obter os benefícios de ambas.

Ao fazer ofertas de continuidade, consigo que mais pessoas *comecem* se adicionar mais coisas boas (bônus) e retirar coisas ruins (descontos). E, claro, tudo funciona melhor com um toque de urgência — se eles aderirem *agora*. Além disso, você pode oferecer o bônus como uma compra independente ou disponibilizá-lo *apenas* se eles comprarem sua continuidade. Qualquer uma das opções funciona.

Por si só, as ofertas de continuidade geram menos dinheiro agora, e isso dificulta a obtenção de lucros com os clientes. Mas, da maneira como eu as uso, ainda podemos atingir nossas metas de lucro de 30 dias. Veja como: primeiro, faço todas as minhas ofertas de atração, de vendas adicionais e de redução de vendas que geram muito dinheiro. Em seguida, as ofertas de continuidade recebem um pouco de dinheiro dos pagamentos num primeiro mês. Depois, ofereço para as pessoas que compraram por um mês um desconto no pré-pagamento de mais meses. Isso aumenta ainda mais os lucros de 30 dias, me dando mais dinheiro para anunciar *e* acumulando receitas recorrentes. Nada mal.

Nota do autor: Nenhuma empresa de continuidade bem-sucedida que eu tenha visto oferece uma assinatura independente. Todas elas têm outros recursos para aumentar as vendas. Principal motivo: é difícil anunciar ofertas de continuidade de forma lucrativa. Ninguém quer assumir um compromisso recorrente com algo que ainda não experimentou. Para compensar isso, as empresas atraem clientes com coisas como testes. Então, depois que as pessoas se inscrevem, elas vendem outros recursos e opções de pré-pagamento de longo prazo. Isso lhes dá o dinheiro necessário para anunciar *enquanto* constroem sua receita recorrente.

Exemplos de como fazer com que as pessoas comecem a usar a continuidade

Produto físico: oferta de continuidade de ração para animais de estimação

Bônus único: receba todos os brinquedos para cães que já fabricamos gratuitamente, que antes custariam o valor de US$ 800, ao se inscrever para receber remessas mensais de ração para cães por US$ 59 por mês.

Bônus mensais: como membro, você receberá um novo brinquedo para cães todos os meses.

Serviço: Oferta de um Acelerador de Curto Prazo

Bônus único*:* o acelerador de curto prazo custa US$ 1.000. Ganhe-o gratuitamente ao se tornar membro por US$ 100 por mês.

Pacote de bônus: Os membros da comunidade VIP têm acesso prioritário aos nossos eventos, horário de atendimento mais longo, melhores funcionários de suporte, etc.

Oferta de produto digital

Bônus único: receba todas as minhas 40 edições anteriores, no valor de US$ 15.880, tornando-se membro hoje, por apenas US$ 399/mês após um período de teste gratuito de 30 dias.

Desconto vitalício + bônus vitalícios: Se você paga hoje, poderá garantir um desconto vitalício de US$ 299 por mês. Tenha acesso digital antecipado *e* receba uma cópia física todos os meses.

Observação: use os elementos do capítulo "Vendas de recursos reduzidos" para criar bônus melhores.

Observações importantes

Dê foco ao bônus, não a assinatura. "Inscreva-se no meu programa de assinatura" não é tão atraente quanto "ganhe este item valioso de graça". Portanto, anuncie isso. Depois, explique o resto quando eles demonstrarem interesse.

Os bônus funcionam de maneira semelhante às vendas adicionais.

Mais do mesmo: você recebe dois anos de boletins informativos anteriores gratuitamente ao se tornar membro.

Complemento: Você recebe serviços de nutrição gratuitos ao se inscrever em nossa academia.

Upgrade: Você ganha uma assinatura ouro gratuita ao comprar uma assinatura bronze (disponibilidade limitada).

Mantenha seus bônus relacionados à sua oferta principal. Se o bônus for muito diferente, você *atrai os clientes errados*. Por exemplo, não anuncie uma camiseta gratuita para vender serviços de tecnologia. Mas anunciar uma camiseta gratuita para vender impressão de camisetas faz todo o sentido.

Transforme em bônus coisas que você já tem e faz. Por exemplo, os boletins informativos dos últimos dois anos não custaram tempo extra, mas têm um valor muito alto. E a integração é algo que você precisa fazer com o cliente de qualquer maneira, então você pode muito bem colocar um preço nisso e oferecer como um bônus. Se você valoriza isso, eles também valorizarão.

Bônus físicos em produtos digitais e bônus digitais em produtos físicos. Se eu tiver uma assinatura digital, posso oferecer um boné, camiseta, ferramenta etc. relacionados à oferta. Se eu tiver um produto ou serviço físico, como uma academia de boxe, oferecer aulas ao vivo pode atrair mais pessoas para se inscreverem. Essa estratégia geralmente reduz mais o custo de conquistar um cliente do que o custo do bônus. E esse é o ponto. Além disso, se algumas pessoas aceitarem o bônus e forem embora, por ter tido um custo mais baixo com publicidade, isso ainda podem compensar. Se for muito caro ter clientes, experimente.

Use preços de bônus realistas. Quanto maior for o valor de referência do seu bônus, mais atraente será a oferta. Mas você também precisa tornar essa referência algo que faça sentido. Alguns empresários inventam valores absurdos. Não faça isso. Isso não vai atrair o cliente e você perde a confiança dele. Essa é uma ótima oportunidade para distribuir produtos que você já vendeu antes. Você pode usar os preços reais como descontos e bônus *reais*.

Você pode recompensar seus clientes dando títulos pra eles. Considere dar títulos aos clientes após eles permanecerem três, seis, doze meses e mais. Títulos como prata, ouro, diamante, diamante duplo, etc. Uma boa amiga minha faz isso e, depois de um tempo, ela descobriu que seus clientes se importavam mais com o título do que com qualquer outro bônus. Ela me disse que eles até se apresentavam a ela pelo título! Portanto, se você não consegue pensar em nada para oferecer a eles, pelo menos pode chamá-los de algo especial.

Você pode oferecer bônus gratuitos como descontos e descontos como bônus gratuitos. Bônus grátis: Torne-se membro por US$ 200 e receba este programa de US$ 1.000 como bônus grátis! Grande desconto: Obtenha o programa de US$ 1.000 por US$ 1 se você se tornar membro por US$ 200.

Ao fazer sua oferta de continuidade, destaque os bônus. Primeiro, venda a eles os benefícios do bônus incrível. Não é sobre sua oferta de continuidade, mas sobre o bônus. Em seguida, use seu bônus de alto valor como âncora. Isso pode chocá-los — *e tudo bem.* Porque aí você pergunta: "Você quer saber como pode obter isso de *graça*?" Se eles quiserem, o que certamente acontecerá, explique como: *"Torne-se um membro VIP hoje e você receberá tudo isso como um brinde pela adesão. Ou você pode simplesmente comprá-lo por US$ XXX — o que você prefere?"*

Mais bônus atraem mais pessoas para se inscreverem. Depois de perguntar se elas querem saber como obter gratuitamente, diga que elas podem obtê-lo ao se inscreverem. Em seguida, diga: *"Além disso...* ao se tornar membro, você receberá... a coisa incrível 1, a coisa incrível 2, a coisa incrível 3". *Mencione o valor individual em dinheiro de cada um para reforçar o valor.* Acumular bônus dessa forma faz com que ainda mais pessoas se inscrevam na sua continuidade.

Disponibilizar bônus apenas para aqueles que se inscreverem. Se você quer forçar todo mundo para a continuidade, ofereça a continuidade como única opção. Em outras palavras, *disponibilize* os bônus *apenas* para aqueles que se inscreverem na assinatura.

Preços por continuidade VS. pagamento adiantado. Por alguma razão, algumas pessoas preferem pagamentos únicos em vez de *continuidade... mesmo com pagamentos únicos mais elevados.* Por isso, ofereça uma opção de pagamento único mais elevado. Desta forma, alguns clientes vão te render mais dinheiro *hoje,* enquanto outros acumulam receitas recorrentes para *o futuro.* Alteramos o preço em função dos nossos objetivos. Testei isto inúmeras vezes e, pelo menos para mim, os dados nesta faixa parecem claros. Veja só:

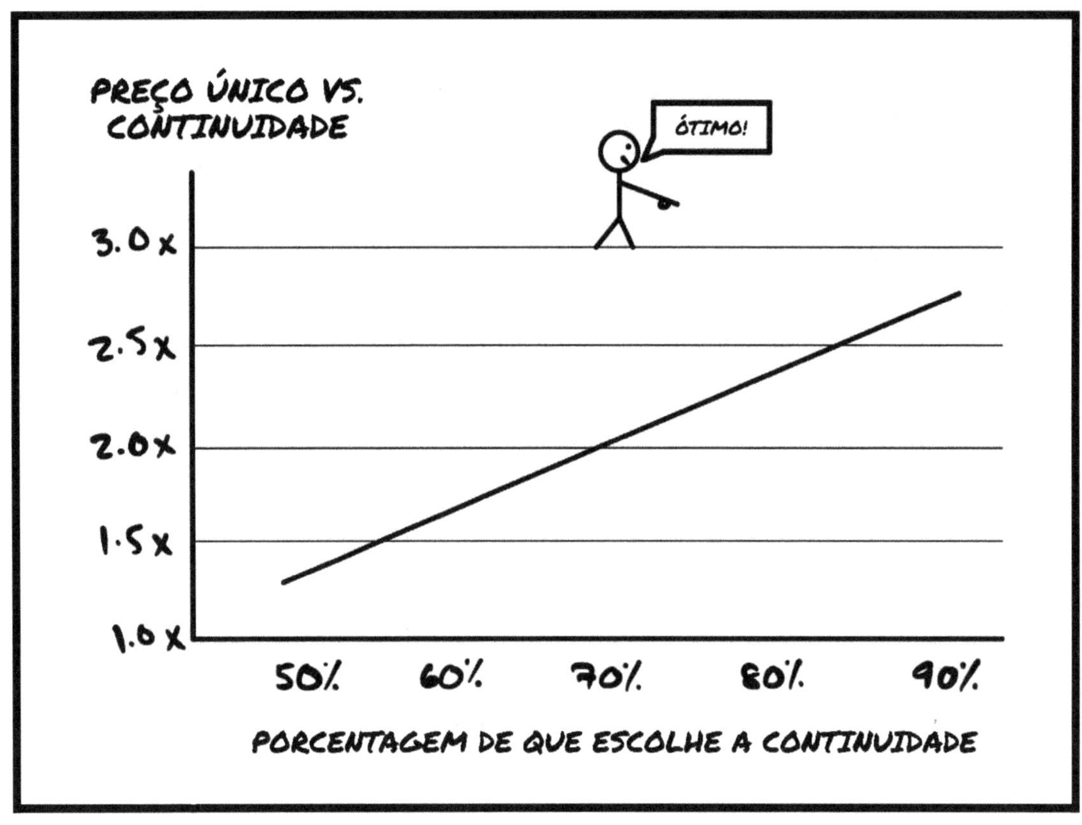

Para que 50% escolham a continuidade, a oferta independente deve ser 1,33 vezes maior.

Ex: US$ 399 independente (US$ 266/mês) ou US$ 199/mês de assinatura

Para que 60% escolham a continuidade, aumente a oferta independente em 1,66 vezes.

Ex: US$ 499 avulso (US$ 333/mês) ou US$ 199/mês de assinatura

Para que 70% escolham a continuidade, faça a oferta independente 2x mais cara.

Ex: US$ 599 avulso (US$ 399/mês) ou US$ 199/mês de assinatura

Para que 80% escolham a continuidade, torne a oferta independente 2,33 vezes mais cara.

Ex: US$ 699 avulso (US$ 466/mês) ou US$ 199/mês de assinatura

Para que 90% optem pela continuidade, torne a oferta avulsa 2,66 vezes mais cara.

Exemplo: US$ 799 avulsos (US$ 532/mês) ou US$ 199/mês com assinatura

Os números exatos não importam tanto quanto o princípio. *Quanto menor o preço do produto avulso em comparação com o preço da continuidade, mais pessoas compram o produto avulso. Quanto maior o preço do produto avulso em comparação com o preço da continuidade, mais pessoas escolhem a continuidade.*

Se você deseja mais dinheiro adiantado. Faça ofertas *separadas* para bônus e continuidade + bônus. Faça com que a oferta apenas com bônus seja um pagamento único de 1,33x a 2,66x mais caro do que o primeiro mês da oferta de continuidade + bônus. Quanto maior a diferença de preço, menos compras avulsas você terá. Mas mais dinheiro você ganha antecipadamente com cada uma. Com base nos dados que acabei de compartilhar, as pessoas pagam 33% a mais para *evitar* a continuidade. Em outras palavras, mesmo que você cobre 33% a mais por uma compra única, metade vai comprá-la!

Se você deseja ainda mais dinheiro, ofereça descontos por compras antecipadas em grandes quantidades. As vendas adicionais em grandes quantidades aumentam significativamente os lucros em 30 dias. Digamos que você ofereça "compre cinco meses e ganhe um grátis". Apenas *uma em cada oito pessoas* precisa aceitar a venda adicional para aumentar os lucros de 30 dias em 50%! Isso pode fazer a diferença no seu Modelo de Dinheiro. Observação: as regras do desconto se aplicam — quanto maior o desconto, mais pessoas vão aceitar.

Se você quer compromissos, prepare-se para fazer uma troca. Se você quer compromissos, troque-os por bônus. Por exemplo, permita que os clientes recebam o bônus apenas se eles se comprometerem por 3, 6, 12 ou mais meses. Ao oferecer o bônus apenas aos clientes que se comprometem, você perderá as pessoas que teriam se inscrito apenas para receber o bônus. Isso resulta em menos vendas, mas em clientes mais comprometidos. Essa é a troca que você faz.

Pontos resumidos

No final das contas, oferecer descontos reais e, em seguida, bônus gratuitos valiosos *deixa as pessoas empolgadas* com a sua oferta. Então, se elas concordarem com a sua oferta de continuidade, você pode vender períodos de tempo adicionais para aumentar ainda mais os seus lucros em 30 dias.

- Com os bônus de continuidade, você oferece ao cliente algo incrível *se* ele se inscrever hoje. Normalmente, o bônus em si tem mais valor do que o primeiro pagamento de continuidade.
- Se você usar a Continuidade como uma oferta de atração, anuncie o que você oferece, *não* o que você vende.
- Faça com que seu bônus esteja relacionado à sua oferta principal para atrair os clientes certos.

- Se possível, faça com que seus bônus sejam coisas que você já tem e faz. Dessa forma, você não precisa mudar seu negócio ou criar novos produtos.
- Mais pessoas começam a usar a continuidade se você adicionar mais bônus e descontos.
- Para adicionar bônus — adicione mais vantagens *apenas* se eles se inscreverem.
- Para oferecer descontos — reduza o custo dos produtos, serviços e recursos que você vende.
- Venda o valor do bônus antes de dizer como eles podem obtê-lo gratuitamente.
- Ofereça bônus como uma opção independente para obter mais dinheiro adiantado.
- Se você quiser que metade das pessoas aceitem a oferta avulsa, defina um preço 33% acima da sua continuidade.
- Aumente ainda mais o dinheiro adiantado oferecendo descontos na continuidade se eles comprarem em grandes quantidades.

PRESENTE DE GRAÇA: Treinamento de ofertas de bônus de continuidade

Existem muitas maneiras incríveis de estruturar bônus para impulsionar mais vendas de continuidade. Fiz um vídeo para você que aborda este capítulo e outras maneiras criativas que já vi serem usadas. Você pode assisti-lo gratuitamente em acquisition.com/training/money. Digitalize o código QR para acesso rápido e fácil.

Continuidade com ofertas de descontos

Se você se inscrever hoje, ganha X tempo grátis.

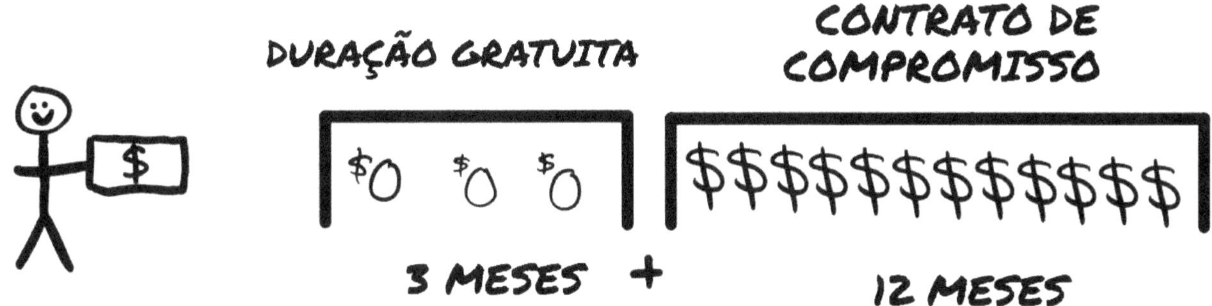

Primavera de 2018.

Leila e eu tínhamos acabado de nos mudar para um dos bairros mais legais de Austin. Durante nossa caminhada à tarde, uma vizinha sorriu e acenou para nós. Parecia que ela queria jogar conversa fora do tipo "bem-vindos à vizinhança". *Eu odeio ficar batendo papo.* Mas, quanto mais me aproximava, fui me interessando mais. O quintal estava perfeito. Uma Ferrari estava parada na garagem para aquela "limpeza de primavera". A mesa do pátio estava cheia de cigarros e latas de cerveja. *Hã*?

"Oi! Bem-vindos à vizinhança... deixa eu chamar meu marido." Sorri com os dentes cerrados. *Aqui vamos nós.* Surgiu o cara — boné virado para trás, chinelos, sotaque bem forte do meio oeste, falando mil palavras por minuto e o sorriso mais largo que você já tinha visto.

"E aí, mano! Bom te conhecer. Garanto que você não é médico nem advogado, morando aqui tão jovem. Então, qual é a teu ramo?" Ele também foi direto ao ponto. *Alívio.*

Contei um pouco sobre as minhas academias, o lançamento de academias e a ascensão da Gym Launch. Ele acenou com a cabeça em aprovação. Disse que gostava de ter outro empresário na rua.

"E você?", perguntei.

Ele riu. *"Lixo."*

"O quê?"

"Lixo."

Ele viu minha expressão confusa e continuou.

“Então, veja bem, eu já sabia, pelo meu tempo trabalhando com lixo, que não havia muita concorrência. Grandes comércios e todos os outros iam ao mesmo lugar para descartar o lixo.”

“Então, o que você fez?”

“Bem, eu tinha um caminhão, peguei meu cartão de crédito e arrisquei.” Ele continuou. “Fui a todos os grandes apartamentos e disse que recolheria o lixo deles gratuitamente durante um ano inteiro se eles me contratassem para fazer isso pelos próximos cinco anos. Funcionou muito bem. Todos eles me contrataram como seu coletor de lixo antes que eu percebesse.”

“Caramba”, eu disse. “Você adiantou um ano inteiro?”

“Sim. E vou lhe dizer uma coisa, *foi a coisa mais difícil que já fiz.* Ninguém queria investir no meu negócio, nem mesmo minha família. Todos me chamavam de louco. Mas depois que aquele primeiro ano passou, o dinheiro começou a entrar. Eu ganhei *muito dinheiro* naquela época. E depois de alguns anos usando esse plano, vendi tudo por uma boa quantia.”

“Que legal, cara. Nunca imaginei que houvesse tanto dinheiro no lixo.”

“Tem dinheiro no lixo, cara, o que posso dizer? Ah, sim... você quer uma cerveja?”

Não preciso dizer que continuamos amigos até hoje.

***

Ouvir sobre o sucesso dele me mostrou o poder de uma oferta simples feita da maneira certa. Dito isso, vamos revisar algumas coisas importantes para que você possa fazer isso funcionar como ele fez.

Além disso, se você acha que isso se parece com “Compre X e ganhe Y grátis” feito no estilo continuidade, então você está certo. No entanto, existem diferenças específicas suficientes em relação à continuidade que justificam um capítulo próprio.

Descrição

Para fazer um desconto único de continuidade, você oferece produtos ou serviços gratuitamente se o cliente se comprometer a comprar mais produtos e serviços *ao longo do tempo.* Isso pode atrair muitos clientes em potencial e facilitar a venda para qualquer pessoa.

Se você olhar ao seu redor, verá essa oferta em muitos setores diferentes. Ela funciona. Pense na internet, limpeza de piscinas, academias, paisagismo e qualquer coisa que possa ser alugada. Estou te falando os exemplos mais comuns, mas você pode fazer isso funcionar em qualquer negócio, desde que saiba duas coisas. Primeiro, como você vai aplicar o desconto — eu faço isso de quatro maneiras. E, segundo, sua política de cancelamento — porque as pessoas nem sempre cumprem seus compromissos.

Exemplos

Eu aplico descontos de quatro maneiras: antecipadamente, no final, de forma uniforme ou após o primeiro ou segundo mês.

Antecipadamente. Você aplica o desconto antecipadamente e prolonga o prazo. Ou seja, o prazo "oficial" começa após o término do período gratuito. Isso funciona melhor em setores que têm um histórico de sucesso na execução de contratos (telefones celulares, armazenamento, imóveis, equipamentos ou qualquer coisa com garantia). Duas observações: primeiro - se você tem um histórico de alta rotatividade, pule esta opção e considere as outras. Segundo, isso não traz clientes mais lucrativos. Traz clientes, mas atrasa o fluxo de caixa. Portanto, se você deseja opções mais lucrativas, siga em frente.

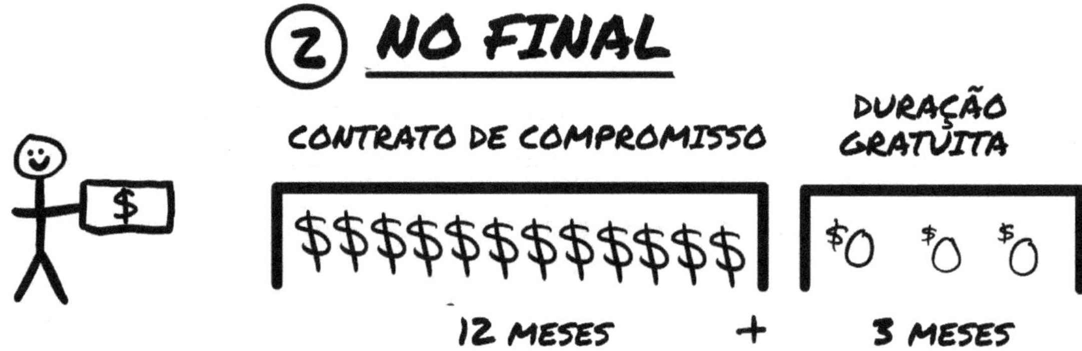

No final. Você pode aplicar todo o desconto no final e prolongar o prazo. Desde que eles efetuem todos os pagamentos *em dia...* eles ganham um tempo bônus igual ao valor do desconto. Eles *conquistam* sua duração extra.

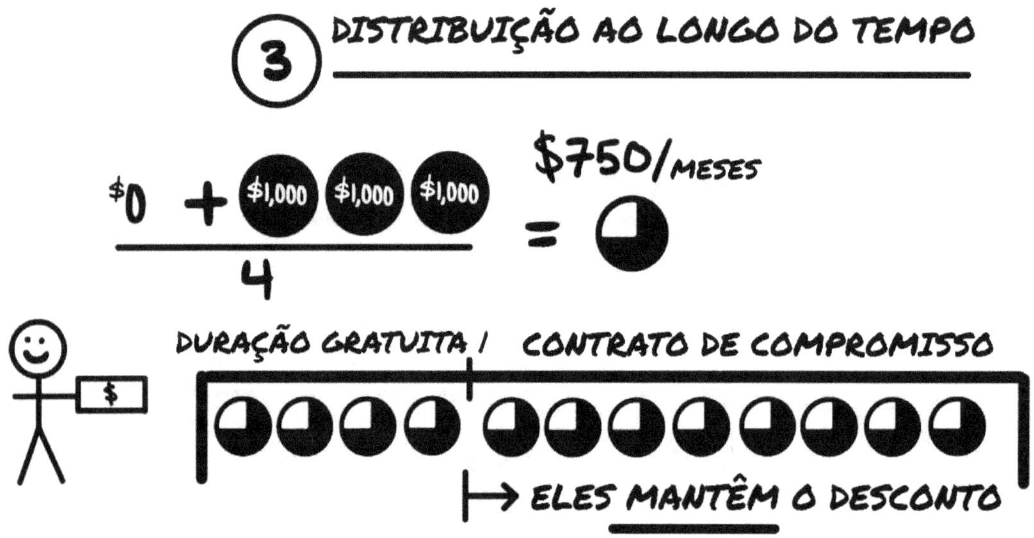

Distribuição ao longo do tempo. Aplique o desconto ao longo do prazo. Digamos que você dê três meses grátis para um compromisso de um ano. A US$ 200 por mês, você descontou US$ 600. Ao distribuir esses US$ 600 ao longo de 12 meses, eles recebem um desconto de US$ 600/12 meses = US$ 50 *por mês*. Você também pode informar que, se eles fizerem todos os pagamentos em dia, poderão manter o desconto vitalício após o término do prazo.

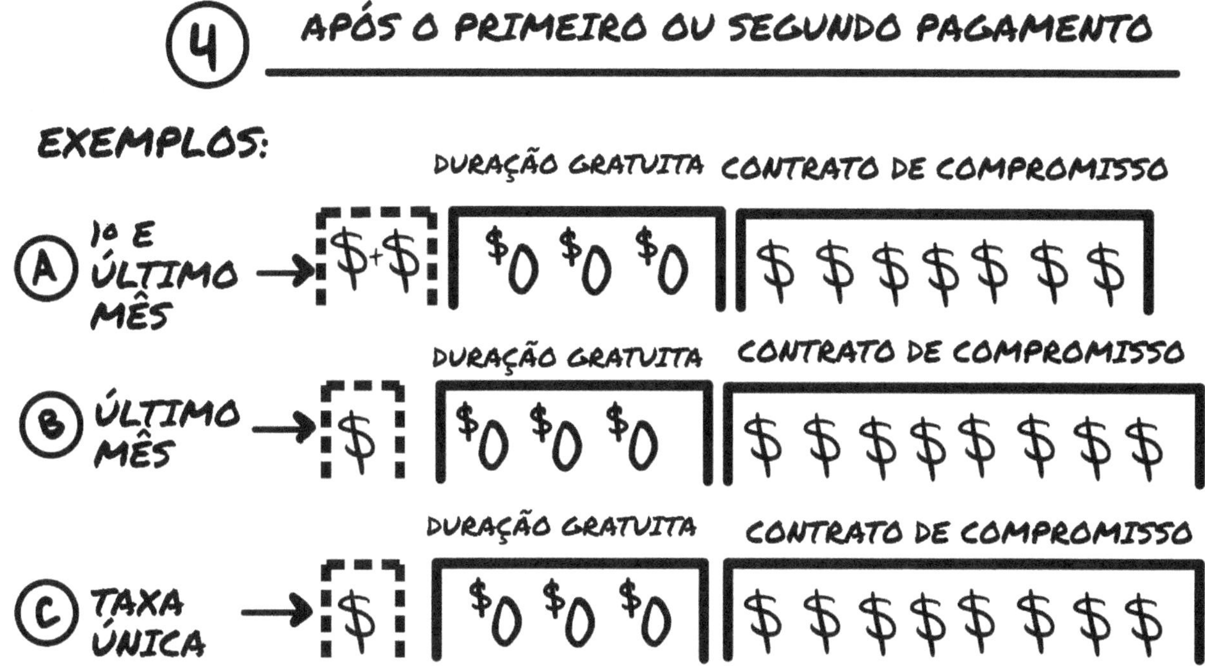

Após o primeiro ou segundo pagamento. Eles pagam algumas vezes e depois recebem seu desconto único. Dessa forma, você recebe um pouco de dinheiro para cobrir os custos de publicidade e alguns custos de entrega. Prefiro fazer isso apresentando a oferta como *"primeiro e último mês"*, *"último mês adiantado"* ou adicionando algum tipo de *taxa de ativação* antes de obter o valor do bônus. Isso também garante que o cliente use uma forma de pagamento válida... um detalhe pequeno, mas importante, quando se administra um negócio.

Observações importantes

****Nota de maior valor neste livro**** Pule esta parte se você não gosta de dinheiro. Fature *semanalmente* (semanalmente, a cada duas semanas, quatro semanas, 12 semanas etc.). Aqui está o motivo: Há 12 meses em um ano, mas o ano tem 13 ciclos de quatro semanas. *Isso representa uma diferença de 8,3%.* Se eu oferecer meu produto por "US$ 100 a cada quatro semanas" (em vez de US$ 100 por mês), o mesmo número de pessoas comprará. Mas eu ganho 8,3% a mais por ano. Para colocar isso em perspectiva, se o seu negócio tem margens de 20%, isso aumenta o lucro anual em 41%. E a melhor parte é que você não precisa fazer mais nenhum trabalho. Só alterar algumas palavras. O que mais você pode fazer dentro da lei que te gere tanto dinheiro com tão pouco trabalho? Isso literalmente me rendeu *milhões em lucro puro.* Então, sim, faça isso.

Não gaste o prazo com descontos, prolongue-os! Digamos que você oferece três meses grátis ao assinar por um ano. Isso pode significar que eles pagam nove meses e ganham três grátis (12 meses no total). Ou pode significar que eles pagam 12 meses e ganham três grátis (15 meses no total). Eu prefiro começar prolongando o prazo. Depois, posso oferecer um desconto para um prazo mais curto.

Obtenha 3% a mais de receita por adicionar algumas palavras. "Sim, são US$ X *mais uma taxa de processamento de 3%*." Na minha vida, nunca vi ninguém desistir de comprar por causa de uma taxa de processamento. Mas 3% adicionados à sua receita *sem nenhum trabalho extra* vão direto para o seu lucro líquido. Se você administra um negócio com 10% de lucro e adiciona 3%, acaba de aumentar seu lucro em 30%. Vale a pena. E isso funciona especialmente bem quando combinado com...

Tenha duas formas de pagamento. Negócios recorrentes perdem muito dinheiro devido a problemas no processamento de pagamentos. Primeiro, os clientes não cancelam, mas suas informações de pagamento mudam ou expiram. Segundo, os clientes atingem o limite dos cartões ou não têm limite suficiente. Resolvemos essas duas coisas com uma mesma solução. Pergunto se eles querem um desconto de 3% (uma taxa de processamento bastante padrão). *"Quer economizar a taxa de processamento? ... Ótimo. Dê-nos uma segunda forma de pagamento, caso algo aconteça com a primeira."* Se eles perguntarem por que, o que raramente acontece, basta dizer: *"Só cobramos a taxa de processamento porque nos custa horas de trabalho para obter novas informações de pagamento todos os meses de nossos clientes. Portanto, se você nos poupar tempo, repassamos essa economia para você."*

Obtenha um ACH, se possível. Se você tiver uma segunda forma de pagamento, tente obter um ACH. Essa é uma forma de pagamento diretamente vinculada à conta bancária do cliente. É a forma mais barata de transações depois do pagamento em dinheiro. Se você não sabe o que é ACH, faça uma pesquisa.

Cartões de presente. Ofereça o desconto na forma de um cartão de presente físico. Você pode enviá-lo pelo correio se eles não estiverem perto de você. O cliente pode aplicar o desconto quando quiser *após os três primeiros pagamentos, ou por aí.* Você pode dizer que eles também podem dar de presente para um amigo, se quiserem. E agora você tem um ímã de leads! Além disso, muitas pessoas simplesmente se esquecem de usar. Nesse caso, você acaba de conseguir uma inscrição pelo preço integral. Ótimo!

Experimente oferecer um desconto vitalício no seu ponto de rotatividade mais comum. Anuncie o desconto vitalício. Mas faça com que os clientes o *conquistem.* Eles obtêm uma tarifa mais baixa *se* permanecerem além do período X. Defina X como o mês em que o seu cliente médio geralmente desiste.

Digamos que você saiba que cada cliente permanece em média quatro meses. Você diria a todos antecipadamente que eles terão um desconto vitalício após o quarto mês. À medida que o prazo se aproxima, informe-os de que a nova tarifa mais baixa está prestes a entrar em vigor.

Exemplo real: vi uma empresa de arroz vendendo (muito) arroz. Eles ofereciam três opções de preço: 1) um preço único 2) uma assinatura com 5% de desconto 3) 15% de desconto *se você mantivesse a assinatura por cinco meses consecutivos.* Você ganhava a tarifa mais baixa para sempre. Tenho certeza de que eles descobriram que era um pouco depois disso que a maioria das pessoas cancelava.

CANCELAMENTOS

Você precisa definir uma política de cancelamento com antecedência. Existem muitas políticas comuns. Aviso prévio de 30 ou 60 dias. Taxas de cancelamento. Cancelamento a qualquer momento. Etc. Como todos entram nas minhas Ofertas de Continuidade com algum tipo de desconto, esta é a minha favorita:

Basta tornar a taxa de cancelamento *igual ao desconto que eles concordaram em receber.* Assim, se eles obtiveram US$ 600 em descontos ao se comprometerem, eles podem pagar US$ 600 sempre que quiserem cancelar. Isso é simples de explicar.

Certifique-se de que os clientes sabem como cancelar. Se os clientes não tiverem onde reclamar dentro da sua empresa, eles com certeza vão reclamar fora dela. Se você não tiver uma maneira clara para eles cancelarem, mais pessoas irão embora *e* reclamarão. Ao ter uma maneira clara para eles entrarem em contato com você, você terá uma chance real de salvá-los. *As pequenas empresas não enriquecem dificultando as coisas para seus clientes.* Se você facilitar, receberá menos avaliações de 1 estrela e terá a chance de salvá-los quando isso acontecer, porque você vai saber o que está acontecendo.

Se um cliente quiser cancelar, peça para fazer uma entrevista de saída. Algumas pessoas gostam de desabafar. Deixe. Fique mais chateado com o problema do que elas. Elas podem até tentar te acalmar. Às vezes, elas vão se salvar! Se elas reclamarem de algo que você pode resolver, então, caramba, resolva. E se elas quiserem um produto melhor, faça uma venda adicional para um nível mais alto de serviço, se você tiver um para oferecer. Já tive muitas pessoas que compraram uma oferta de menor custo e depois reclamaram porque queriam os recursos de maior custo. Então, ofereço recursos de maior custo e elas compram. Sim. Isso acontece. E sim, funciona!

Use as taxas de cancelamento a favor do cliente. Eu poderia dizer: "Vou dispensar a taxa de cancelamento se você vier me dizer o que eu poderia fazer melhor". Isso dá aos clientes um motivo *real* para dar feedback. Então, posso usar o feedback deles para resolver o problema ou oferecer algo mais adequado para eles. No mínimo, eles terão coisas mais positivas a dizer sobre a empresa se eu realmente tentar resolver o problema. Eu costumo manter um terço dos clientes que concordam em participar de entrevistas de saída.

Pontos resumidos

- As ofertas de descontos por continuidade oferecem um tempo de continuidade gratuito *se* o cliente se inscrever hoje.
- Os descontos antecipados convertem mais clientes, mas podem ter uma taxa de rotatividade mais elevada.
- Os descontos posteriores convertem menos clientes, mas reduzem a rotatividade.
- Distribuir o desconto mantém o fluxo de caixa enquanto oferece o desconto total.
- Use cartões-presente para oferecer o desconto a novos clientes e permitir que eles o ofereçam a um amigo ou o usem para si mesmos depois. Você consegue uma inscrição pelo preço total e uma indicação!
- Permita que os clientes ganhem um desconto vitalício *no mês de maior rotatividade* para incentivá-los a permanecerem com você por uma taxa mais baixa de maneira vitalícia.
- Condições de cancelamento flexíveis fazem com que mais pessoas se inscrevam, mas também fazem com que mais pessoas cancelem. Condições mais rígidas fazem com que menos pessoas se inscrevam, mas também fazem com que menos pessoas cancelem. Eu prefiro que os clientes cancelem pagando o desconto que receberam pelo compromisso. Isso os coloca de volta na tarifa mensal.
- Certifique-se de que os clientes saibam como cancelar.
- Se um cliente quiser cancelar, peça uma entrevista de saída. Incentive-o dizendo que você dispensará a taxa de cancelamento se ele concordar com a entrevista. Muitas vezes, você poderá salvá-lo ou vender mais produtos a partir dessa conversa. No mínimo, você entenderá o que deu errado para poder melhorar.

PRESENTE DE GRAÇA: Treinamento sobre ofertas de descontos por continuidade

Assim como os bônus, os descontos são limitados apenas pela sua criatividade. Neste capítulo, apresentei os fundamentos básicos. Também preparei um vídeo que aborda algumas das formas criativas que já vi. Como de costume, você pode assisti-lo gratuitamente em acquisition.com/training/money. Ou escaneie o código QR. Aproveite.

Oferta de isenção de taxa

Você pode se inscrever mensalmente com uma taxa de instalação, ou eu te isento dela se você fechar um compromisso de um ano.

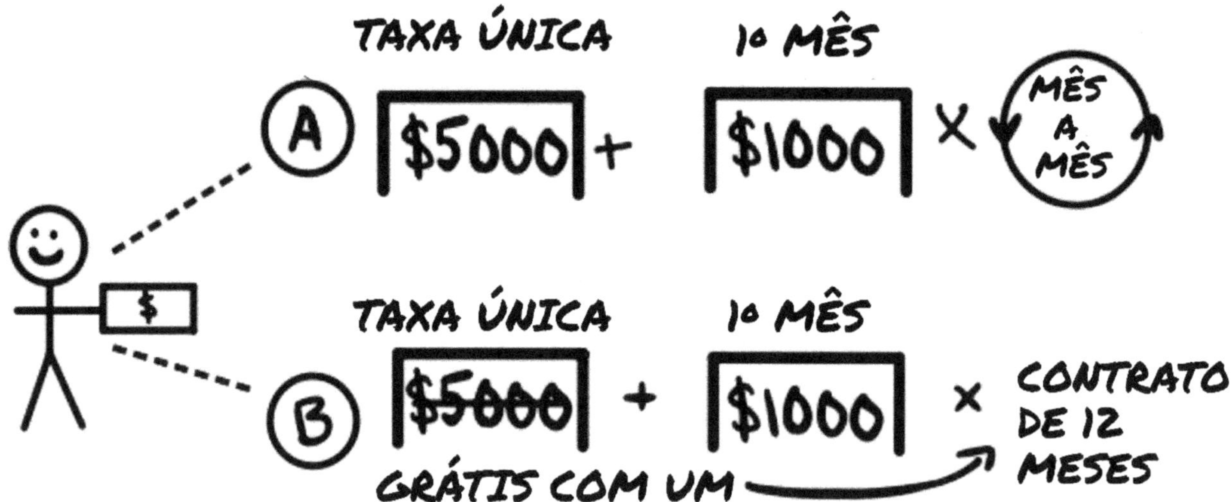

Janeiro de 2021.

Durante anos, ouvi histórias sobre a lenda das vendas de ingressos caros. Hoje, finalmente consegui conhecer. Mas então, a situação ficou esquisita. Era de se esperar que um homem com uma reputação como a dele também adorasse trabalhar, mas não era o caso. Na verdade, suas opiniões sobre o trabalho *eram* quase *opostas às* minhas — ele buscava *trabalhar o mínimo possível.* E esses caras que priorizam o "estilo de vida" tendem a me desanimar. Mas ele tinha sua reputação lendária por um motivo. Então, isso me deixou ainda mais interessado...

"Prefiro ganhar alguns milhões de dólares por ano sem funcionários e com clientes legais do que construir um negócio gigantesco que atenda a qualquer pessoa disposta a me dar um dólar", disse ele. "Não preciso alimentar meu ego, apenas recebo pagamentos mensais e fico de boa."

Aham, claro. "Pagamentos mensais? Isso me parece menos tranquilo do que pagamentos adiantados. Você não precisa lidar com rotatividade, desistências e todas as outras chatices da continuidade?", perguntei.

"Não, na verdade não. A minha forma de vender é tão simples que você vai se arrepender quando ouvir", disse ele.

"Sou todo ouvidos."

"Eu digo aos clientes que eles têm duas opções: *'Você pode pagar mensalmente com uma grande taxa de instalação. Ela cobre o custo inicial, mas você pode cancelar a qualquer momento. Ou, se você se comprometer por um ano, eu dispenso a taxa'.* E eu faço com que a taxa seja alta, para que os compradores se comprometam a evitá-la. Também peço que eles assinem que compreendem que podem cancelar antecipadamente se pagarem a taxa que eu dispensei."

"Por que uma taxa tão alta?", perguntei.

"No início, desistir custa muito, então isso os mantém engajados e..."

Eu interrompi: "E, uma vez que eles passam desse ponto, custa quase o mesmo cancelar ou continuar. Então, eles simplesmente continuam."

"Na mosca."

Descrição

As ofertas com isenção de taxas funcionam assim. Primeiro, você pede ao cliente que pague uma taxa inicial como parte da adesão do programa mensal. Normalmente, eu cobro de 3 a 5 vezes a minha taxa mensal. Em seguida, você oferece um desconto sobre o *valor total* da taxa *se* o cliente se comprometer a permanecer no programa por um período mais longo. Mas, se ele cancelar dentro do prazo, terá que pagar a taxa.

Os clientes podem optar por pagar uma taxa significativa e manter a opção de cancelar a qualquer momento, ou podem se comprometer por 12 meses e ter a taxa dispensada. Muitos se comprometerão para evitar a taxa alta.

Assumimos um risco maior se eles pagarem mensalmente. Mas *eles* assumem um risco maior se eles se comprometerem. Se um cliente optar pelo pagamento mensal, reduzimos nosso risco com a taxa de inicialização. Mas reduzimos o risco *deles* ano a ano, dispensando essas taxas. E se eles se comprometerem e quiserem cancelar antecipadamente, tudo bem. Eles pagam *como se* tivessem escolhido o pagamento mensal desde o início. Simples.

Conclusão: os clientes vão permanecer por mais tempo se sair custar mais do que ficar.

Exemplo

Como a oferta se concentra mais no preço, ela parece a mesma em todos os negócios de continuidade. O exemplo a seguir foi retirado da história para que você possa entender melhor como funciona.

Isenção de taxas por compromisso.

1) Duração do compromisso - 12 meses
2) Valor mensal - US$ 1.000/mês
3) Taxa - US$ 5.000 *se pagarem mensalmente.*

Opção A: Pague uma taxa única de US$ 5.000 *mais* US$ 1.000 pelo primeiro mês. Depois, pague US$ 1.000 mensalmente. Cancele no momento que quiser.

Opção B: Fique isento da taxa de US$ 5.000 se você se comprometer por 12 meses. Pague US$ 1.000 mensalmente. Só pague a taxa de US$ 5.000 se você quebrar seu compromisso antes do prazo.

Observações importantes

As taxas fazem com que eles comecem. As pessoas veem o valor ao se comprometerem *imediatamente*, pois isso evita a taxa. As pessoas querem evitar taxas. Assim, mais pessoas aderem à continuidade. Missão cumprida.

As taxas fazem com que eles fiquem. As pessoas ficam pelo mesmo motivo pelo qual começaram. Ao ficarem, *elas evitam a taxa.* As pessoas desistem por milhões de motivos. Mas, por terem uma taxa alta adicional *para* cancelar, na hora, o motivo para desistir acaba ficando bem menor se comparado ao valor de evitar a taxa. Em outras palavras, se o custo para desistir for maior do que o custo para permanecer, elas provavelmente vão ficar.

Apresentando a taxa. Justifique a taxa explicando os custos de aceitar novos clientes para programas de longo prazo. Basicamente, se eles querem flexibilidade a curto prazo, *pagam seus próprios custos de configuração.* Mas, se eles se comprometerem a permanecer por um longo prazo, *nós pagamos os custos de configuração para eles.* Se alguém pedir uma justificativa adicional, basta dizer: *"Custa dinheiro para você começar. Se você quiser apenas testar, você vai arcar com esses custos. Se você se comprometer por mais tempo, eu mesmo banco."*

Se mais de 5% das pessoas quiserem cancelar antecipadamente, analise o que está acontecendo. Os preços *incentivam* a fidelidade, mas não podem (nem *devem*) compensar um produto ruim. Você deve incentivá-las, não obrigá-las a pagar por algo que não gostam. Caso contrário, elas vão acabar te odiando.

Se você deseja mais dinheiro adiantado, cobre uma taxa menor. Uma taxa menor incentiva as pessoas a optar pelo pagamento mensal. Uma taxa maior incentiva as pessoas a se comprometerem. Mas se você precisar de mais dinheiro adiantado, pode cobrar uma taxa de 1,5 a 3 vezes a mensalidade. Ao fazer isso, mais pessoas vão aceitar e você recebe mais dinheiro adiantado.

Cancele a taxa após o cliente cumprir o compromisso. Se alguém cumprir integralmente o seu compromisso e depois quiser cancelar, terá direito ao cancelamento gratuito. Não é válido para sempre. Isso torna o processo equitativo.

Prefiro esta oferta para compromissos de um ano ou mais. Quanto mais longo for o compromisso, melhor funciona. Funciona especialmente bem com serviços que levam muito tempo para surtir efeito (SEO, investimentos, perda de peso, etc.). Isso mantém as pessoas comprometidas *quando* elas ficam emocionadas.

Taxas de cancelamento para uma … causa? Se você quiser manter os clientes ainda mais motivados, pode doar o valor para uma causa que eles são *totalmente contra*. Exemplo: "Qual causa você mais odeia? Ótimo. Se você cancelar antecipadamente, vou doar sua taxa de instalação para eles." Isso vai dar *dois* motivos para eles ficarem. Primeiro, porque eles não querem gastar dinheiro. Segundo, porque não querem que uma causa que eles odeiam receba essa doação.

Pontos resumidos

- As ofertas de isenção de taxas apresentam uma opção mensal com uma taxa ou isentam a taxa se eles se comprometerem por um prazo.
- Normalmente, eu defino a taxa como 3 a 5 vezes a minha mensalidade.
- No mínimo, o compromisso deve ter a duração de um ano.
- Quanto maior for a sua taxa, mais compradores optarão pelo compromisso. Quanto menor for a sua taxa, mais dinheiro adiantado você receberá.
- Se o cliente cumprir o compromisso, a taxa será eliminada.

PRESENTE DE GRAÇA: Treinamento em vídeo sobre isenção de taxas

A isenção de taxas é muito eficaz. Mal posso esperar para que você realmente a utilize e veja por si mesmo. Para garantir que você se sinta confiante para fazer por conta própria, preparei um vídeo explicativo. Como de costume, você pode assistir gratuitamente em acquisition.com/training/money. Ou você pode escanear o código QR. Aproveite.

Conclusão: ofertas de continuidade

A única coisa melhor do que fazer alguém comprar uma vez é fazer com que compre de novo.

As ofertas de continuidade *fornecem valor contínuo pelo qual os clientes fazem pagamentos contínuos até cancelarem*. Muitas empresas usam ofertas de continuidade para atrair clientes por menos. Mas isso prejudica os lucros de 30 dias. Isso dificulta a publicidade que atrai lucro.

Eu uso as ofertas de continuidade de maneira diferente. Eu faço com que elas *durem.* Começo com lucrativas ofertas de atração. Depois, faço minhas ofertas de vendas adicionais e redução de vendas. *Em seguida,* ofereço continuidade. E, se eles aceitarem, faço uma venda adicional de uma quantidade grande de tempo ou produto com desconto. Então, eles entram automaticamente na continuidade depois de usarem sua compra em grande quantidade. Dessa forma, eu faço ainda mais dinheiro *e* obtenho os benefícios de receita recorrente dos clientes de continuidade.

As ofertas de continuidade funcionam com recompensas ou punições. Eu prefiro recompensas. E duas das três ofertas de continuidade que expliquei as utilizam. Mas haverá sempre momentos em que um contrato mais tradicional faz sentido. Nessas situações, gosto de ofertas com isenção de taxas.

Na próxima seção, criaremos nosso Modelo de Dinheiro de US$ 100 milhões combinando todos os quatro tipos de ofertas: ofertas de atração, ofertas de vendas adicionais, ofertas de redução de vendas e ofertas de continuidade. Vamos dar o toque final.

SEÇÃO VI: CRIE SEU MODELO DE DINHEIRO

Como dominar todo o seu mercado

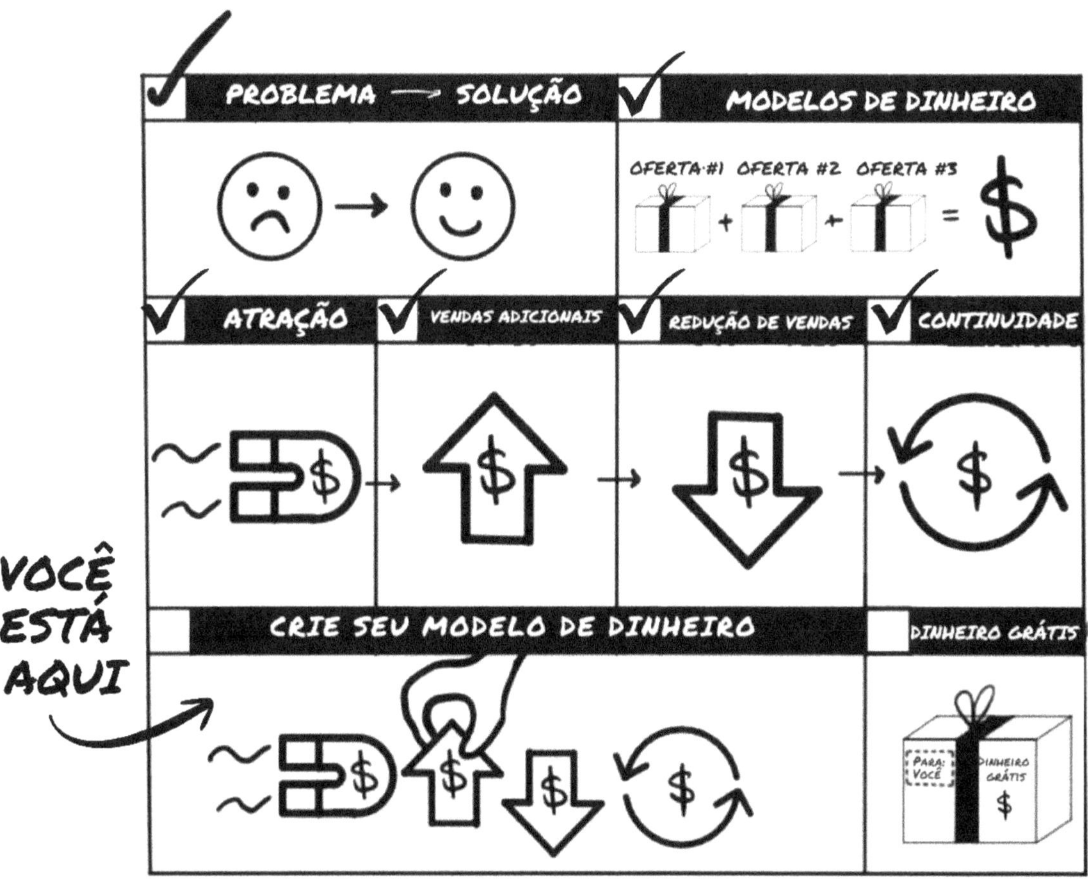

Olhando para trás, para a evolução do Modelo de Dinheiro de US$ 100 milhões da Gym Launch hoje.

Descobri acidentalmente o Modelo de Dinheiro de licenciamento da Gym Launch. Eu fui de viajar e encher academias, para licenciar o material que usei quando fiz isso. Dessa forma, os proprietários de academias poderiam fazer isso sozinhos.

Olhando para trás, tudo começou com uma oferta isca. Atraí novos clientes com muitos cursos gratuitos, livros, treinamento em vídeo, treinamento ao vivo e assim por diante.

Tudo relacionado ao crescimento de uma academia. Cada produto gratuito vinha com uma ligação gratuita para ajudar os proprietários de academias a usá-lo. Na ligação, eu oferecia:

Oferta isca: Agora que você tem o plano, faça você mesmo gratuitamente.

Ou...

Oferta Premium: Podemos te ajudar a implementar tudo isso por US$ 16.000 em 16 semanas.

Se eles escolhessem a opção premium, receberiam um tesouro de estratégias para ganhar dinheiro. Táticas que levei anos para descobrir. As pessoas compraram sem parar. ***E, em três meses, minha oferta isca me rendia US$ 476.000 por mês.*** *Não é um erro de digitação.*

Mas eu tinha um problema. Como só tinha um produto para vender, sabia que minha receita iria estagnar *rapidamente*. Eu precisava de uma venda adicional para aumentar os lucros, ou a Gym Launch ficaria estagnada. Então, criei uma oferta de venda adicional para os proprietários de academias mais avançados. Chamei-a de "Lordes de academia" e defini o preço em US$ 42.000 por ano. Usei a venda adicional clássica para oferecer manuais e serviços avançados. E uma comunidade para compartilhar as melhores práticas como um bônus de continuidade. Comecei oferecendo um *desconto de US$ 6.000* para quem pagasse antecipadamente. Muitos donos de academias pagaram adiantado com o dinheiro que eu tinha acabado de render a eles. Para aqueles que não pagaram, ofereci um plano de pagamento com desconto.

Se eles dissessem não, eu aceitava um adiantamento de US$ 10.000 e dividia o restante ao longo do tempo. Se eles dissessem não novamente, eu aceitava cerca de US$ 800 por semana durante 52 semanas. Se eles dissessem não *de novo*, eu dizia que eles poderiam começar gratuitamente. Eu usava um desconto de continuidade para antecipar o teste gratuito pelo tempo que levassem para terminar de pagar a primeira oferta. Então, eles passavam diretamente para minha venda adicional de continuidade. Dessa forma, seus pagamentos permaneciam contínuos. ***E pronto... A venda adicional clássica + bônus de continuidade + venda adicional de plano de pagamento + desconto de continuidade me renderam cerca de US$ 1.500.000 por mês.***

Eu tinha outra coisa para vender. Uau! E isso disparou o Modelo de Dinheiro da Gym Launch para um novo nível. Mas eu ainda tinha trabalho para fazer. Mesmo que o processo de vendas adicionais e de redução de vendas funcionasse bem, *alguns donos de academias continuavam recusando.* Voltei para a prancheta.

Criei um menu de vendas adicionais mais personalizado, com diferentes níveis de serviço. Ofereci publicidade personalizada. Ofereci treinamento para equipes de vendas. Ofereci campanhas prontas para uso, para gerar dinheiro rápido. E, finalmente, ofereci um pacote mínimo: acesso contínuo aos materiais originais da Gym Launch, *com suporte técnico,* por uma taxa mensal com desconto. Se eles não quisessem o pacote completo, eu usava a venda de recursos reduzidos para encontrar a melhor opção para eles. Quase todos ficaram por alguma coisa.

E pronto... O menu de vendas adicionais + a venda de recursos reduzidos me renderam US$ 2.300.000 por mês. *Tudo isso em 14 meses.*

Então, criamos a Prestige Labs e a integramos a Gym Launch. Um negócio totalmente diferente, com seu próprio Modelo de Dinheiro. No vigésimo mês, já estávamos faturando US$ 4.400.000 *por mês*. Isso mudou nossas vidas. E bastaram *alguns produtos excelentes* e um *Modelo de Dinheiro de US$ 100 milhões* para conseguir isso.

***

> **Nota do autor:** Quando comecei, eu não sabia nada sobre esse Modelo de Dinheiro. Só parece simples quando se olha para trás. Mas espero que isso simplifique as coisas para que você leve muito menos tempo do que eu levei.

Descrição

Um Modelo de Dinheiro é *uma sequência deliberada de ofertas*. É o que você oferece, quando oferece e como oferece para ganhar o máximo de dinheiro possível o mais rápido possível. O ideal é ganhar dinheiro suficiente com um cliente para conseguir atender *pelo menos* mais dois clientes *em menos de 30 dias.* E é difícil de deixar tão simples, mas eu divido os Modelos de Dinheiro de US$ 100 milhões em três etapas:

Etapa I: Obter dinheiro — Ofertas de atração atraem mais clientes por menos.

Etapa II: Obtenha mais dinheiro — Ofertas de vendas adicionais e ofertas de redução de vendas geram mais receita com mais rapidez.

Etapa III: Obtenha o máximo de dinheiro — Ofertas de continuidade maximizam o total de dinheiro gasto.

Eu divido meu Modelo de Dinheiro de US$ 100 milhões nessas etapas porque o crescimento do Modelo de Dinheiro ocorre *paralelamente* ao crescimento do negócio. Em outras palavras, se você tentar *iniciar* um negócio do zero, por conta própria, com um Modelo de Dinheiro "concluído", ele vai colapsar *em cima de você*. Na verdade, *nenhum* dos meus negócios começou com um Modelo de Dinheiro totalmente desenvolvido. *Todos* eles começaram na Etapa I. Até mesmo a Acquisition.com! Na minha experiência, os Modelos de Dinheiro evoluem assim:

- Primeiro, eu conquisto clientes de forma confiável, *depois,*
- garanto que eles paguem de forma confiável, *depois,*
- garanto que eles paguem por outros clientes de forma confiável, *depois,*
- Começo a maximizar o valor a longo prazo de cada cliente, *depois,*
- gasto o máximo possível em publicidade para gerar o máximo possível de dinheiro.

Meus Modelos de Dinheiro se desenvolvem dessa forma porque eu me certifico de que *cada etapa pague pela seguinte*. Continuamos aprimorando cada etapa até que ela se torne *confiável*. Além disso, isso gera confiabilidade financeira *e* operacional. Portanto, um aviso: quando seu Modelo de Dinheiro começar a funcionar, seu negócio começará *a quebrar*. Faz parte do jogo. Por isso, sugiro que você encontre alguém que possa formar e liderar a equipe que transformará sua visão em realidade. Quando eu fiz isso, me casei com ela. Espero que você tenha a mesma sorte.

Nota do autor: Quero deixar bem claro. Existem muitos *Modelos de Dinheiro de US$ 100 milhões*. Ouso dizer que existe um *Modelo de Dinheiro de US$ 100 milhões* para cada negócio de US$ 100 milhões! Lembre-se de que muitas empresas ganham muito dinheiro de várias maneiras. Eu apenas mostro as maneiras *que eu coloquei em prática na vida real.*

Exemplos de Modelos de Dinheiro

Análise do Modelo de Dinheiro da Gym Launch (serviços)

Oferta de atração da fase I: oferta isca

Isca gratuita do tipo "faça-você-mesmo" vs. licença premium de US$ 16.000 do tipo "feito-com-você"

Oferta de venda adicional da fase II: venda adicional clássica

Depois de saber como conquistá-los, você precisa saber como mantê-los.

US$ 42.000 por ano (US$ 36.000 pré-pago) para serviços empresariais avançados.

Oferta de redução de venda da fase II: Redução de venda por plano de pagamento

Redução de Vendas "Gangorra": *comece com US$ 10.000 de entrada e o restante distribuído ao longo de 52 semanas.*

Oferta de plano de pagamento final: *US$ 800 por semana durante 52 semanas.*

Oferta de continuidade da fase III: menu de fechamento + venda de recursos reduzidos

Pacote completo: US$ 800 por semana

Recurso: Publicidade pronta para você: US$ 300 por semana

Recurso: Treinamento diário de vendas em academias: US$ 200 por semana

Recurso: Novos lançamentos mensais: US$ 500 por semana

Recurso: Materiais de licenciamento originais com suporte técnico: US$ 100 por semana

Pacote mínimo: US$ 100 por semana

Análise do Modelo de Dinheiro de pequenas academias (negócio local)

Oferta de atração da fase I: Ganhe seu dinheiro de volta

Desafio fitness com pagamento para participar. Ganhe seu dinheiro de volta se atingir as metas.

Oferta de redução de vendas da fase I: Redução de venda por plano de pagamento

Pagamento dividido → Três pagamentos → Teste gratuito com penalidade

Oferta de venda adicional da fase II: menu de vendas adicionais

Você não vai obter os melhores resultados sem os suplementos certos.

Pacotes de suplementos: Pacote grande personalizado de acordo com o objetivo

Oferta de redução de venda da fase II: venda de recursos reduzidos

Suplementos: Pacote grande → Pacote pequeno → Assinatura mensal

Oferta de continuidade da Fase III: Venda adicional com aproveitamento de crédito + desconto vitalício

US$ 50 de desconto por mês vitalício com compromisso de 12 meses

Boletim informativo (produto digital)

Oferta de atração da fase I: Teste gratuito

US$ 0 e, depois de 30 dias, US$ 399 por mês

Venda adicional das Fases II e III + Continuidade: Pague menos agora ou pague mais depois + Desconto vitalício

Pague US$ 297 dólares agora e mantenha essa tarifa para sempre

> **Nota do autor:** Adoro esta oferta. É fantástica. Combina um período de teste gratuito, uma "pague menos agora ou pague mais depois" e um desconto vitalício, também é uma oferta de atração, uma oferta de venda adicional e uma oferta de continuidade. Um monstro de seis cabeças que gera dinheiro. Esta é apenas uma "amostra" do quão criativo você pode ser ao combinar estes elementos.

Ração para cães (produto físico)

Oferta de atração da fase I: compre X e ganhe Y grátis

Compre quatro meses de ração e ganhe dois meses grátis

Oferta de venda adicional da fase II: venda adicional clássica *(como a história do aluguel de carro)*

Você quer mensalmente? → Brinquedos para caninos? → Vitaminas para cães?

Oferta de redução de venda da fase II: venda de recursos reduzidos

Apenas a ração premium, então? Não quer mais nada, quer?

Ofertas de continuidade da fase III: renovação automática após a primeira compra em grande quantidade.

Após seis meses, continua mensalmente. Cancele a qualquer momento!

Crie seu próprio Modelo de Dinheiro

Passo 1) Comece com uma oferta de atração. O objetivo é transformar estranhos em clientes e cobrir nossos custos. Portanto, decida o que você vai vender. Em seguida, descubra a melhor maneira de apresentar. A seção de ofertas de atração tem as minhas favoritas: Ganhe seu dinheiro de volta, Sorteios, Ofertas isca, Compre X e ganhe Y grátis, Pague menos agora ou pague mais depois. Em seguida, *anuncie*. Se você conseguir leads que se transformem em clientes, está no caminho certo. Descobrir o que funciona melhor pode levar até um ano. Se quiser saber mais sobre publicidade, não deixe de conferir meu segundo livro, *Leads de US$ 100 milhões*.

Passo 2) Escolha uma oferta de venda adicional. O objetivo é obter lucros em 30 dias *bem acima* dos nossos custos para conquistar um novo cliente e entregar o que você oferece a ele. Lembre-se: depois de resolver um problema, outro aparece. Esses problemas também precisam de soluções. Você resolve os problemas que sua oferta de atração cria com ofertas de venda adicional. Portanto, escolha a oferta de venda adicional que melhor corresponda ao problema que você quer resolver e à forma como quer fazer isso. A seção

Ofertas de vendas adicionais apresenta minhas quatro favoritas: venda adicional clássica, menu de vendas adicionais, venda adicional âncora e venda adicional com aproveitamento de crédito. Em seguida, faça sua oferta no momento em que eles mais precisam.

Passo 3) Escolha uma oferta de redução de venda. O objetivo é fazer com que os clientes que recusaram sua última oferta aceitem outra oferta. Dessa forma, você venderá *para muito mais pessoas* do que venderia normalmente, gerando mais receita total *com o mesmo número de leads.* A seção Ofertas de redução de venda mostra minhas três ofertas favoritas. Se você quiser manter o preço igual, *altere a forma de pagamento* com redução de venda por planos de pagamento ou testes. Se quiser cobrar menos, altere *o que eles recebem* com venda de recursos reduzidos. E o melhor de tudo é que você pode alternar entre elas na mesma venda. Quanto mais flexíveis forem suas ofertas, mais pessoas vão comprá-las.

Passo 4) Escolha uma oferta de continuidade. O objetivo aqui é conseguir uma última venda em nosso prazo de 30 dias e acumular dinheiro recorrente. Portanto, tento incluir a continuidade nos negócios *eventualmente.* Minhas três ofertas de continuidade favoritas são: bônus de continuidade, descontos de continuidade e ofertas com isenção de taxas.

Às vezes, o melhor momento para ofertas de continuidade ocorre *após* os primeiros trinta dias, e isso é normal. É melhor fazer a oferta no momento certo do que tentar forçá-la no momento errado.

Nota do autor: As empresas iniciadas com recursos próprios devem obter clientes com o lucro.

A menos que você consiga investidores externos, comece com uma fortuna ou tenha uma fonte infinita de clientes gratuitos, alcançar um *Modelo de Dinheiro é a única maneira de se expandir com lucro.* Caso contrário, você ficará sem dinheiro e fechará as portas antes mesmo de ter uma chance.

Observações importantes

Aperfeiçoe uma oferta de cada vez. É tentador implementar um Modelo de Dinheiro completo de uma só vez. Não faça isso. Entenda o estágio que você está. Escolha uma oferta. Experimente. Continue fazendo isso até que funcione de maneira confiável. Então, depois que estiver confiável, faça isso tantas vezes até que se torne automático. *Em seguida*, passe para o próximo estágio.

A paciência ainda é a maneira mais rápida de alcançar seu objetivo. Portanto, você precisará medir em trimestres, não em semanas. Ou você constrói da maneira certa ou constrói de novo. E de novo. E de novo. Reconstruir — não importa quão rápido — ainda leva mais tempo do que construir da maneira certa da primeira vez.

Aumente o preço em etapas. Faça as novas ofertas baratas no início. Depois, à medida que obtiver respostas positivas, aumente o preço. Muitas respostas positivas iniciais permitem obter feedback dos clientes e melhorar o produto. Depois, à medida que a oferta se torna confiável, comece a aumentar o preço. E continue aumentando o preço até que não seja mais possível compensar as respostas negativas com o dinheiro extra obtido com as respostas positivas. Em outras palavras, continue aumentando o preço até ganhar menos dinheiro.

O simples cresce. O chique fracassa. Tire o máximo proveito do que você tem. Lembre-se, não se trata tanto de ter 100 produtos para oferecer, mas sim de ter 100 maneiras de oferecer seu produto. Pense em mais maneiras de vender a mesma coisa, não em mais coisas para vender. Se eu ofereço um treino individual, eu posso oferecer uma, duas, três, quatro etc. sessões por semana. *Isso transforma um produto em muitas ofertas.*

***IMPORTANTE* Os produtos afiliados podem preencher lacunas no Modelo de Dinheiro.** Uma relação de afiliado significa apenas que você vende produtos de outras pessoas em troca de uma comissão. Se você não tem nada para oferecer e quer começar um negócio, pode oferecer produtos de outras pessoas. Se você tem uma única oferta e deseja adicionar mais ofertas ao seu Modelo de Dinheiro, pode oferecer produtos de outras pessoas. Se você tem um negócio de US$ 100 milhões e deseja ganhar mais dinheiro sem adicionar complicações operacionais, pode oferecer produtos de outras pessoas. Resumindo, você sempre pode oferecer produtos de outras pessoas em seu Modelo de Dinheiro. Aqui estão alguns exemplos:

- Serviço: Uma agência odontológica encaminha seus clientes dentistas a um fabricante de aparelhos ortodônticos. O fabricante envia comissões por cada cliente encaminhado. Mais dinheiro. Sem trabalho extra. Voilá.

- Negócio local: Um massoterapeuta vende aos seus clientes ferramentas de massagem domésticas, faixas elásticas, bolas de exercícios, etc. O cliente paga através do terapeuta e a outra empresa envia o produto diretamente ao cliente. Umas palavrinhas a mais. Muito dinheiro extra. Sem nenhum outro serviço prestado.

- Produto digital: Um educador diz aos seus clientes para usarem um software específico de atendimento ao cliente. A empresa de software envia ao consultor uma comissão por cada inscrição.

Transforme ofertas de atração em ofertas de continuidade com renovação automática. Isso faz dela uma oferta dois em um. Por exemplo, se você fizer uma oferta tipo "Compre 6 meses e ganhe 6 meses grátis", ela pode se transformar automaticamente em uma assinatura mensal ao final de 12 meses. Isso traz os benefícios das ofertas de atração e das de continuidade. Uma pequena dica com *grandes* resultados.

Você pode misturar e combinar ofertas como quiser. Apresento as ofertas dessa forma porque é assim que eu as uso. Mas, se você puxar da memória, aprendi muitas delas com pessoas que as usavam de maneira diferente da minha! Muitas dessas ofertas podem ser usadas *em qualquer negócio*. Você pode usar táticas de vendas adicionais em sua oferta de atração. Você pode instalar um processo de redução de venda em *cada* oferta. Você pode usar uma oferta de continuidade para atrair novos clientes. Não há regras. Você pode fazer o que quiser. Eu mostro as coisas de uma maneira, *mas espero que você as utilize de outra maneira.* Portanto, comece da maneira que eu sugiro. Depois, à medida que você for melhorando, experimente outros jeitos. Foi assim que eu aprendi essas coisas. E é assim que você também vai aprender.

Resumo

- Um Modelo de Dinheiro é uma sequência deliberada de ofertas.
- Os Modelos de Dinheiro têm três etapas: Obter dinheiro (ofertas de atração), obter mais dinheiro (vendas adicionais e redução de vendas), obter o máximo de dinheiro (ofertas de continuidade).
- Para criar seu próprio Modelo de Dinheiro, comece com uma oferta de atração. Depois de conquistar clientes e dinheiro, adicione uma oferta de venda adicional. A partir daí, adicione ofertas de redução de vendas para atrair ainda mais compradores. Por fim, adicione sua oferta de continuidade.
- Não tente implementar um Modelo de Dinheiro completo de uma só vez. Isso prejudicará o seu negócio.
- Não comece mais negócios apenas para fazer mais ofertas. Não se trata tanto de ter 100 produtos para oferecer, mas sim ter 100 maneiras de oferecer seu produto.
- Para vender mais sem iniciar 100 negócios, ofereça produtos de *outras* empresas e *deixe que elas façam a entrega.*
- As relações de afiliados podem preencher lacunas no seu Modelo de Dinheiro sem a dor de cabeça da entrega.

- Ofereça preços novos baixos o suficiente para que você receba muitas respostas positivas. Use o feedback dos clientes para melhorar seu produto. Em seguida, comece a aumentar o preço até que você pare de ganhar mais dinheiro.
- Um Modelo de Dinheiro de US$ 100 milhões elimina o dinheiro como um obstáculo ao crescimento. Missão cumprida.

PRESENTE DE GRAÇA: Treinamento passo a passo para criar seu próprio Modelo de Dinheiro

Ufa. Este capítulo é muito extenso. É também, sem dúvida, o mais importante do livro. Portanto, para garantir que você não fique confuso, preparei um vídeo que explica esse processo passo a passo. Como sempre, você pode assisti-lo gratuitamente (sem necessidade de cadastro) em acquisition.com/training/money. Ou você pode escanear o código QR.

Dez anos em dez minutos

A melhor coisa que um ser humano pode fazer é ajudar outro ser humano a saber mais. - Charlie Munger

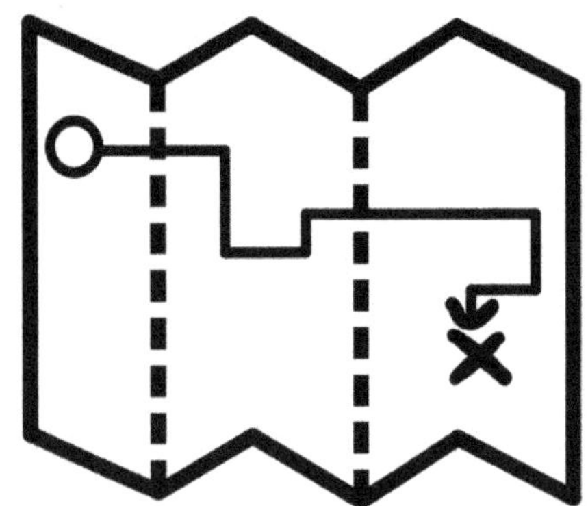

Onde os Modelos de Dinheiro se encaixam no grande esquema das coisas

Meu primeiro livro, *Ofertas de US$ 100 milhões*, respondeu à pergunta: *O que devo vender?* Resposta: uma oferta tão boa que as pessoas se sintam burras de recusar. Meu segundo livro, *Leads de US$ 100 milhões*, respondeu à próxima pergunta lógica: *Como encontro essas pessoas?* Resposta: Você anuncia. Este livro, *Modelos de Dinheiro de US$ 100 milhões*, responde à próxima pergunta lógica: *Como faço para que elas comprem?* Resposta: Um Modelo de Dinheiro.

O que vimos

A gente falou de muita coisa. E acho que organizar o que aprendemos em um só lugar ajuda a entender melhor. Então, fiz essa lista de "verso de guardanapo" com o que vimos e o porquê.

1) Um **Modelo de Dinheiro** é uma série de ofertas criadas para aumentar o número de clientes, o valor que eles pagam e a rapidez com que pagam.

2) **Um bom Modelo de Dinheiro** *gera mais lucro com um cliente do que custa para conquistar e atender ele nos primeiros 30 dias*. Esse é o mínimo necessário.

3) **Um Modelo de Dinheiro de US$ 100 milhões** *gera mais lucro com um cliente do que custa para conquistar e atender muitos clientes nos primeiros 30 dias,* o que faz o dinheiro deixar de ser um limitador para expandir seus negócios.

4) Os Modelos de Dinheiro têm **quatro tipos de ofertas**: Ofertas de Atração, Ofertas de vendas adicionais, Ofertas de redução de vendas e Ofertas de continuidade.

5) **As ofertas de atração** atraem clientes oferecendo algo gratuito ou com desconto. Muitas vezes, elas também geram lucro ao oferecer uma *oferta melhor* a um preço mais alto. Abordamos cinco delas.

    a) Ganhe seu dinheiro de volta: *você* define uma meta para o cliente *e* diz a ele como alcançá-la. Se ele a atingir, terá direito a receber seu dinheiro de volta *ou* um crédito na loja.

    b) Sorteios: você anuncia a chance de ganhar um grande prêmio em troca de informações de contato e qualquer outra coisa que desejar. Depois de escolher um vencedor, você oferece a todos os outros o mesmo que o grande prêmio, mas com um desconto.

    c) Ofertas isca: você anuncia uma oferta gratuita ou com desconto. Quando o lead pede para saber mais, você *também* apresenta uma oferta premium mais valiosa. A oferta premium inclui mais recursos, benefícios, bônus, garantias e assim por diante.

    d) Compre X e ganhe Y grátis: você oferece aos clientes produtos gratuitos em troca da compra de outros produtos. Quanto mais produtos gratuitos e quanto maior o seu valor, mais as pessoas compram.

    e) Pague menos agora ou pague mais depois: você dá às pessoas a opção de pagar o preço total mais tarde OU pagar um preço com desconto agora *e* receber bônus adicionais.

6) **As ofertas de vendas adicionais** são tudo o que você oferece em seguida. Normalmente, versões melhores, mais recentes ou adicionais do que o cliente acabou de comprar. Elas geram mais dinheiro rapidamente. Abordamos quatro delas.

    a) A venda adicional clássica: você oferece a solução para o próximo problema do cliente no momento em que ele se dá conta dele. *Você não pode ter X sem Y!*

    b) Menu de vendas adicionais: você diz aos clientes quais opções eles não precisam. Em seguida, diga a eles o que eles precisam *e* como obter valor disso. *Você não precisa disso... você precisa disso.*

c) Vendas adicionais âncora: você oferece primeiro o seu produto mais caro. Se o cliente recusar, você oferece uma alternativa muito mais barata, mas ainda assim aceitável. *Não se preocupe. Se você não se importa com X, esta pode ser uma opção mais adequada para você.*

d) Vendas adicionais com aproveitamento de crédito: você credita parte ou todas as compras anteriores do cliente na sua próxima oferta. *Como você já gastou US$ 500, vou creditar esse valor para que você fique o ano inteiro.*

7) **Ofertas de redução de venda** são tudo o que você oferece depois que alguém diz não. E, ao transformar nãos em sins, você ganha mais dinheiro. Abordamos três.

a) Redução de venda por plano de pagamento: você oferece o mesmo produto pelo mesmo preço, mas eles pagam parte agora e o restante ao longo do tempo. *Quando você recebe? O que acha de fazer metade agora e metade depois?*

b) Teste com penalidade: você permite que os clientes experimentem seu produto ou serviço gratuitamente, *desde que cumpram seus termos.* Se o fizerem, terão mais chances de se tornarem clientes pagantes. Se não o fizerem, pagam. *Se você fizer X, Y, Z, eu deixarei você começar gratuitamente.*

c) Vendas com recursos reduzidos: você reduz os preços alterando o que o cliente recebe. Eu ofereço alternativas com menor quantidade, menor qualidade, preço mais baixo ou elimino completamente os componentes opcionais. *Se você não se importar em não ter garantia, posso dar um desconto de US$ 400.*

8) **As ofertas de continuidade** proporcionam um valor contínuo pelo qual os clientes pagam regularmente, até cancelarem. Estas ofertas aumentam o lucro de cada cliente e te proporciona uma última oportunidade de venda. Abordamos três.

a) Continuidade com ofertas de bônus: você oferece ao cliente algo incrível *se* ele se inscrever hoje. Normalmente, o bônus em si tem mais valor do que o primeiro pagamento de continuidade. *Se você se inscrever hoje, também receberá XYZ, que é muito valioso.*

b) Continuidade com ofertas de desconto: você oferece ao cliente uma duração gratuita, agora ou mais tarde, *se ele se inscrever hoje.*

c) Ofertas de isenção de taxas: primeiro, você pede ao cliente que pague uma taxa inicial como parte da adesão a um programa mensal. Em seguida, você oferece um desconto sobre o valor *total* da taxa *se* ele se comprometer por um prazo mais longo. Se ele cancelar dentro do prazo, pagará a taxa.

9) Você constrói Modelos de Dinheiro **uma etapa de cada vez**.

a) Eu consigo clientes confiáveis, *depois,* me garanto que eles pagam de forma confiável, *depois* me certifico de que eles cobrem os custos de outros clientes de forma sólida, *depois,* por fim, começo a maximizar o valor a longo prazo de cada cliente. *Aí* eu faço o máximo dinheiro que eu puder.

Conclusão: O conhecimento contido nesses pontos me trouxe tantos clientes grátis *e* lucrativos que eu nem sabia o que fazer com eles. Se forem colocados em prática, vão fazer o mesmo por você. E com isso, o dinheiro vai deixar de ser um impeditivo para o seu negócio. Espero que este livro te ajude a fazer o seu sonho crescer *tanto quanto você desejar.*

Além disso, como você é uma das poucas pessoas que realmente concluem o que começam, gostaria de lhe deixar um presente de despedida: algumas considerações finais que me ajudaram a superar momentos difíceis.

Considerações finais

Você não se torna confiante gritando afirmações para o espelho: você se torna confiante ao se dar uma pilha de provas inegáveis de que você é quem diz ser. Supere suas dúvidas.

Uma postagem real que fiz em 25 de julho de 2020. *Antes* de tornar minha vida pública.

***

A Leila tirou esta foto quando eu não estava olhando e eu pensei: "Caramba, pareço super pensativo".

De qualquer forma, esta é a segunda vez que viajamos em um jato particular.

E... foi incrível.

Eles acham que, se você for afundar com o navio, o cinto de segurança não vai te salvar.

Independentemente disso, para todos os empreendedores que estão decepcionando seus pais, esposas, maridos, amigos, falsos amigos e todos os outros que duvidam de vocês.

1º EU SOU SEU MAIOR FÃ.

2º Você está prestes a se tornar realidade, então se prepare rápido.

3º Você não perde se não desistir. Eu costumava repetir isso para mim mesmo várias vezes quando não queria continuar fazendo alguma coisa.

Se você se sente sem esperança... bem-vindo ao empreendedorismo. Se você sente que nunca vai conseguir... você está no caminho certo. Se você sente que é uma decepção para todos que conhece... Continue. Seguindo. Em frente.

Porque no fim do arco-íris não tem um pote de ouro. Tem você.

O seu eu de verdade.

Isso sempre esteve presente, sussurrando no seu ouvido — só mais um passo... mais uma ligação... mais uma venda.

Quando digo que sou seu maior fã, é porque eu estava lá. E eu conheço você porque sei EXATAMENTE como é essa sensação. Ter 100% de confiança e 1.000% de dúvida. Ao mesmo tempo. Tudo o que você precisa fazer é:

Continue seguindo em frente.

Continue lutando.

Continue melhorando.

Sua hora vai chegar.

O sucesso é a única vingança.

***

Então, neste momento, você pode estar onde eu estava quando comecei. Trabalhando em um salão de concreto, sob luzes fluorescentes ofuscantes, querendo fugir. Você pode estar sobrecarregado com todas as coisas que precisa fazer para ter sucesso. Mas, com essa incerteza, saiba que todos os empreendedores, do passado e do presente, carregam esse fardo com você. Eu já passei por isso. Eles já passaram por isso. Você não está sozinho. Compartilho essas histórias como eu as vivi para que você possa se beneficiar delas como eu me beneficiei.

Então, aqui está a minha promessa: siga as instruções e o dinheiro vai vir.

Seja um dos zeros.

Alex Hormozi, fundador, Acquisition.com

PS: tenho alguns brindes para você por ter concluído o que começou.

Brindes gratuitos

Nham nham nham.

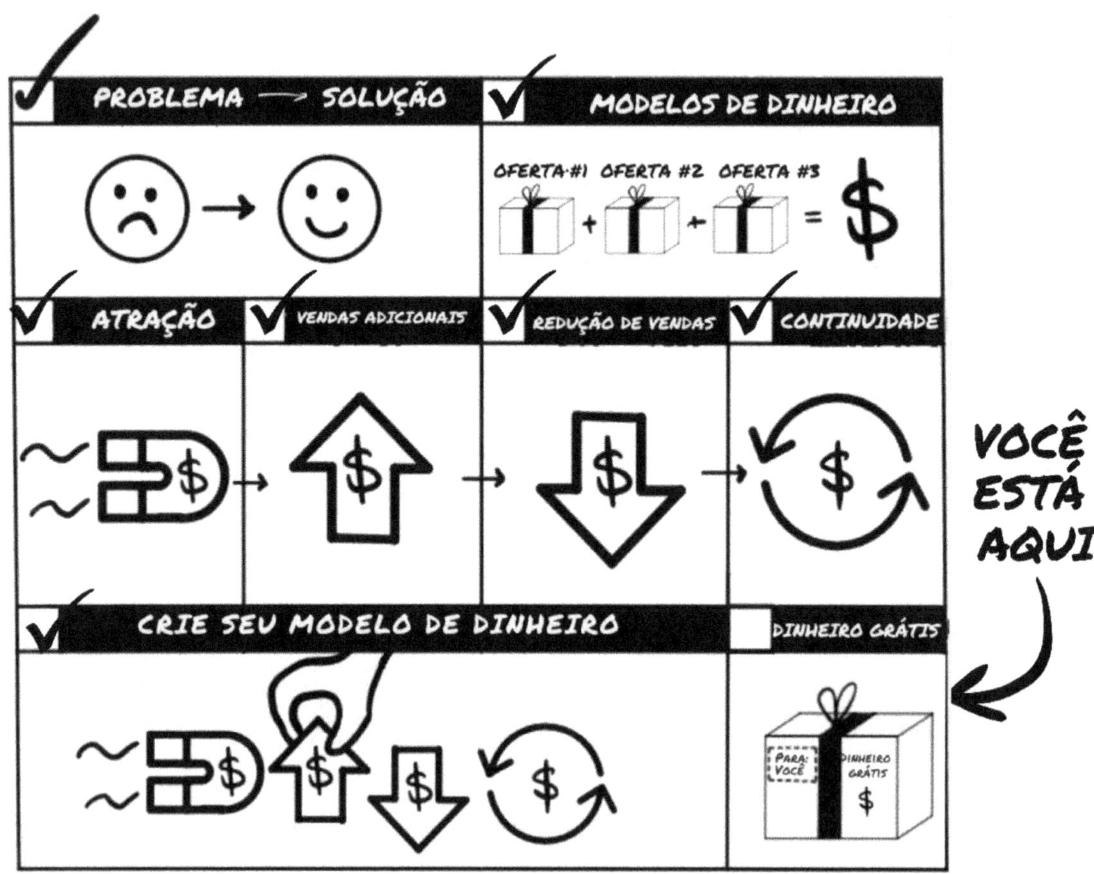

Estilo os spoilers depois dos créditos finais, se você ainda estiver comigo, eu gostaria de lhe dar alguns brindes.

1) **Se você está com dificuldade para descobrir para quem vender**, eu lancei um capítulo chamado "Seu primeiro avatar". Você pode obtê-lo gratuitamente em **Acquisition.com/avatar**. É só inserir seu e-mail e nós vamos enviar para você.

2) **Se você está com dificuldade para descobrir o que vender**, pode acessar a Amazon ou qualquer outro site onde você compra livros e pesquisa "Alex Hormozi" e *"Ofertas de US$ 100 milhões"*. Isso deve te colocar no caminho certo.

3) **Se você está tendo dificuldades para despertar o interesse das pessoas pelo que você vende,** pode acessar a Amazon ou qualquer outro site onde você compra livros e pesquisar "Alex Hormozi" e *"Leads de US$ 100 milhões"*. Isso deve te colocar no caminho certo.

4) **Se sua empresa tem mais de US$ 1 milhão em EBITDA (lucro)**, adoraríamos te ajudar a expandir. É muito gratificante saber que outras empresas cresceram muito mais e mais rápido do que a minha *porque evitaram os erros que cometi*. Se quiser que analisemos sua empresa e vejamos se podemos ajudar, acesse **Acquisition.com**.

5) **Se você deseja trabalhar na Acquisition.com** ou em uma de nossas empresas, adoramos contratar pessoas da #mozination. Nossos melhores retornos vêm do investimento em pessoas excelentes. Acesse **Acquisition.com/careers/open-jobs** para ver todas as vagas disponíveis.

6) Para obter os **downloads gratuitos de livros e treinamentos em vídeo** que acompanham este livro, acesse **Acquisition.com/training/money**.

7) **Se você gosta de ouvir podcasts e quer ouvir mais**, meu podcast, no momento em que este artigo foi escrito, está entre os 5 melhores em empreendedorismo e entre os 15 melhores em negócios nos Estados Unidos. Você pode acessá-lo pesquisando "Alex Hormozi" onde quer que você costume ouvir. Ou acessando **Acquisition.com/podcast**. Compartilho histórias úteis e interessantes, lições valiosas e os modelos mentais essenciais nos quais confio todos os dias.

8) **Se você gosta de assistir a vídeos**, investimos muitos recursos em nosso treinamento gratuito, disponível para todos. Pretendemos torná-lo melhor do que qualquer material pago disponível no mercado, e você decide se a gente conseguiu. Você pode encontrar nossos vídeos no YouTube ou em qualquer outro lugar onde assista a vídeos pesquisando por "Alex Hormozi".

9) **E se você gosta de vídeos curtos**, confira o conteúdo resumido que publicamos diariamente em **Acquisition.com/media**. Você verá todos os locais onde publicamos e poderá escolher os que mais gosta.

E, por último, obrigado mais uma vez. Seja uma dessas pessoas generosas e **compartilhe isso com outros empreendedores, deixando uma avaliação**. Isso significaria muito para mim. Estou enviando vibrações positivas para o seu negócio aqui da minha mesa. Eu passo muito tempo nela, então são vibrações pra caramba. Que o seu desejo seja maior do que os seus obstáculos.

www.ingramcontent.com/pod-product-compliance
Lightning Source LLC
LaVergne TN
LVHW081402110826
845149LV00010B/1646

* 9 7 8 1 9 7 2 1 4 2 1 4 1 *